Rafik Schami · Die Sehnsucht fährt schwarz

*Den pakistanischen Zeitungsverkäufern
von Frankfurt und anderen Freunden,
die mir ihre Geschichten erzählt haben.*

RAFIK SCHAMI

DIE SEHNSUCHT FÄHRT SCHWARZ

Geschichten aus der Fremde

Illustriert von
Root Leeb

Weltbild Verlag

Der Band *Die Sehnsucht fährt schwarz* erschien
in der hier vorliegenden Fassung erstmals 1996
beim NEUER MALIK VERLAG, Kiel.

Lizenzausgabe für Weltbild Verlag GmbH, Augsburg 1997
Alle Rechte vorbehalten
© Carl Hanser Verlag München Wien 1997
Ausstattung und Umschlag: Root Leeb
Typographie: David B. Hauptmann, Zürich
Satz und Lithos:
Satz für Satz. Barbara Amann, Leutkirch
Druck und Bindung:
Clausen & Bosse, Leck
Printed in Germany
ISBN 3-89604-206-8

VOR DEM ANFANG

»Am besten«, sagte mein Vater, »nimmst du die Eisenbahn. Es ist eine wunderschöne Reise von Aleppo über Istanbul, Sofia, Bukarest, Budapest, Wien, Salzburg und München bis Heidelberg.«
Ich war das erste Mitglied meiner Familie, das nach Europa fuhr. Meinem Vater schien die Eisenbahn am sichersten. Er hatte seit Wochen nur eine Beschäftigung: alles über die Eisenbahnstrecke zwischen Syrien und Deutschland zu studieren.
Er bewunderte den Orientexpreß. Auf mehreren tau-

send Kilometern habe dieses technische Wunder bereits 1883 nicht einmal zehn Minuten Verspätung gehabt. Nie habe er von einem Unfall gehört. Meine Mutter lachte: »Von einem Unfall nicht, aber von Überfällen!« Sie liebte neben den ägyptischen Schnulzen harte Krimis und Western, vor allem die mit Mord und Überfall in rasenden Zügen. Sie mahnte meinen Vater, der nie ins Kino ging, sich nicht so sicher zu sein, da Eisenbahnräuber besonders flink und gefährlich seien.

Dann erzählte meine Mutter die Geschichte von ihrer entfernten Verwandten Tante Takla, die mit dem Orientexpreß vor zwei Jahren von Damaskus zu ihrem Sohn nach München gefahren war, der dort Medizin studierte. Da die reiche Tante dachte, daß ihr Sohn nicht genug Geld hätte, um sie richtig zu bewirten, schleppte sie luftgetrockneten Schinken der feinsten Art, sauer und scharf eingelegte Auberginen, Paprika, Oliven, drei schwere Säcke Weizengrütze, fünf Kilo Bohnenkaffee, zwei Gläser Honig und zehn Kartons mit Baqlawa, Halwa, Pistazienrollen und anderen süßen Leckereien aus Damaskus mit. Auch Schafskäse, drei Säcke trockene Saubohnen und Kichererbsen, eine Unmenge Feigen und Datteln hat sie mitgenommen. Mutter schwor, daß der Orientexpreß bei der Abfahrt in Aleppo bereits eine dreiviertel Stunde Verspätung hatte, weil es so lange dauerte, den kleinen Lastwagen, mit dem Tante Takla aus Damaskus angereist war, umzuladen.

Und noch bevor der Zug die syrische Grenze in die Türkei passierte, war der Schinken verschwunden, obwohl die Tante ihn als Stütze unter den Kopf gelegt und sich an ihn geklammert hatte. In der Türkei verschwanden Datteln, Baqlawa, Schafskäse und Halwa, in Bulgarien die getrockneten Saubohnen, die Kichererbsen und Feigen, in Rumänien der Kaffee.

Die Ungarn waren so gastfreundlich, daß die Tante sich wieder beruhigen konnte, doch kurz vor Budapest verschwanden die sauer und scharf eingelegten Leckereien. Kurz vor Wien war von den drei schweren Säcken mit Weizengrütze keine Spur mehr zu finden, aber das wäre nicht so schlimm gewesen.

Kurz vor Salzburg aber erwachte Tante Takla nach einem Alptraum und mußte zur Toilette, und da erwischte sie das gesamte Personal in einem Abteil vor den Resten ihres Honigs und ihrer Pistazienrollen. Statt sich zu schämen, brüllten die Bediensteten der Eisenbahn vor Lachen wie ungezogene Jungen. Und von Salzburg bis München verschwanden während eines Nickerchens der erschöpften alten Frau Koffer, Handtasche und Mantel. Nur Paß, Gebiß, den Rosenkranz und Zigaretten ließ ihr der Dieb aus Mitleid zurück. So kam sie mitten im Winter in einem dünnen Kleid und ohne jeden Piaster bei ihrem Sohn an.

Nein, eine Zugfahrt käme nicht in Frage.

Eine Schiffsreise von Beirut nach Hamburg fand meine Mutter sehr romantisch und gefahrlos. Das Büro in Damaskus hatte sie genauestens informiert.

Von Beirut aus verkehrten täglich Schiffe nach Venedig, Vòlos bei Athen und Hamburg. Es sei so luxuriös und so sicher auf den Schiffen wie in den eigenen vier Wänden. Vater jammerte ob der übermäßig teuren Preise, aber Mutter beruhigte ihn, diese Preise seien nur für Fremde. Der Schwager ihrer Schwester in Beirut war Kapitän der Seefahrt. Er steuerte zwar einen Frachter, aber Kapitäne kennen sich untereinander und kriegen Prozente. Also fuhren wir nach Beirut. Vater, Mutter und ich.

Dort angekommen, erblaßte meine Mutter. Als hätten sich alle Seeleute gegen uns verschworen, streikten die Hafenarbeiter, Lotsen und das gesamte Zollpersonal wegen miserabler Arbeitsbedingungen in Beirut, Zypern, Marseille, Venedig, Triest, Vòlos, Hamburg, New York und Honolulu.

»Daß auch die Seeleute in Honolulu streiken, stört mich am meisten«, giftete mein Vater, nachdem ein Wachmann der Streikposten ihm genüßlich alle Häfen aufgezählt hatte. »Das hast du von deinen Filmen. Der Orientexpreß beförderte Könige, und meine Frau glaubt Agatha Christie und will Seemannsromantik. Das hast du davon!« Er war den ganzen Abend nicht mehr zu beruhigen.

Nach dieser Niederlage stimmte Mutter schweren Herzens der Fahrt mit dem Orientexpreß zu. Dafür hätte ich aber nach Damaskus zurückfahren müssen. Ich wollte aber nicht. Das sah nicht nur wie ein schlechtes Omen für meine ganze Reise aus, sondern schmeckte nach Scheitern, bevor man angefangen hatte.

Die Zeit war auch knapp geworden. Es war bereits Mitte März, und ich sollte bis Anfang April in Heidelberg ein Zimmer bezogen und alle medizinischen Untersuchungen, Papiere und Anträge erledigt haben, um bei Semesterbeginn mit meinem Studium anfangen zu können. Ich haßte nichts mehr in meinem Leben, als verspätet in eine Vorlesung, ein Theater oder Kino zu gehen. Lieber blieb ich in solchen Fällen draußen.

Außerdem war es auch zu dieser Zeit nicht mehr gemütlich in der schönen Stadt Beirut. Bewaffnete Palästinenser, Falangisten, Rechts- und Linksradikale zeigten bei jeder Gelegenheit ihre Muskeln.

Mich hat es bereits am nächsten Tag erwischt. Eine Demonstration pro Palästinenser stieß auf eine contra Palästinenser, und die Polizei griff beide an. Ich war im Zentrum einkaufen und mußte durch das ätzende Tränengas rennen. Nach zehn Minuten war ich erledigt. Mir schien die ganze Welt aus stechendem Nebel zu bestehen, und ich verlor die Orientierung.

Da riß eine alte Frau die Tür ihres Hauses in einer engen Gasse auf und rief mir zu: »Komm rein, junger Mann!«

Drinnen erfuhr ich eine Gastfreundschaft ohnegleichen, und diese gütige alte Frau erwies sich als Intellektuelle aus vergangenen Zeiten. Als sie erfuhr, daß ich auf dem Weg nach Heidelberg war, summte sie mitten im Krach der Steine und Schüsse, die das Haus erschütterten, die Melodie »Ich hab' mein Herz in Heidelberg verloren«. Sie konnte perfekt Französisch und zeigte mir stolz ihre gewaltige Bibliothek. Ich werde nie vergessen, wie sie mich plötzlich mit vor Angst geweiteten Augen anschaute und beschwörend auf französisch rief: »Beeilen Sie sich, Monsieur, auf dem Weg nach Heidelberg. Bald wird uns der Bürgerkrieg einholen.« Ich trank meine Limonade und eilte hinaus.

Es war die Zeit der Vorbereitung auf den Bürgerkrieg im Libanon, der dann vier Jahre später ausbrach und dessen Folgen bis heute nicht aufgehoben wurden. Alle politischen Kräfte im In- und Ausland versuchten damals, im Libanon Boden zu gewinnen. Die Bewohner der Stadt wußten noch von nichts. Nur ein paar Propheten, wie die alte Frau, spürten, daß es zu einem Knall kommen würde. Und es kam schlimmer, als man befürchtete.

Ich wollte nur noch schnell weg. Also buchte ich einen Flug von Beirut über Berlin nach Frankfurt.

»Ich würde mein Leben nicht einer Schraube anvertrauen«, entmutigte mich mein Vater beim letzten gemeinsamen Abendessen. Mir war bange. Der Mensch ist ein Bodentier, und dann steigt er in einen tonnenschweren Haufen Metall, erhebt sich in die Luft und vertraut darauf, daß alle Zahnräder funktionieren, alle möglichen Kurzschlüsse drei Stunden lang nicht auftreten und keine Schraube locker wird. Es war mein erster und letzter Flug.

Ich umarmte Mutter, Vater und die Tante, die uns über eine Woche großzügig aufgenommen hatte, und ging zum Flugzeug, einem alten Ding, zu dem man damals zu Fuß gehen mußte. Oben auf der Gangway drehte ich mich einmal um, wie ich das in den Filmen gesehen hatte, und winkte in die Richtung, in der ich meine Eltern vermutete. Sie standen mit hundert anderen hinter dem Besuchergitter.

Ich setzte mich und beruhigte mich bald, denn das Flugzeug sah innen wie ein Bus aus.

Plötzlich hörte ich eine Lautsprecherstimme: »Wegen Motorschaden und notwendiger Reparaturen werden die Passagiere gebeten, sofort das Flugzeug zu verlassen und in den bereits wartenden Bus einzusteigen. Sie werden an Bord einer anderen Maschine nach Berlin geflogen.«

Ich eilte mit weichen Knien als letzter den Gang zwischen den leeren Sitzen hinaus und meinte für einen Augenblick, Yassir Arafat durch die Tür hinausgehen zu sehen. Aber ich war in meine Gedanken versunken und widmete Arafats Doppelgänger keinen weiteren Blick, denn das Original war ja weit weg in Jordanien. Ich fühlte mich schuldig an der Sorge meiner Eltern, die mit den anderen auch alles gehört hatten.

Draußen war meine Überraschung noch größer. Eine Spezialtruppe mit Polizeihunden und Techniker in merkwürdig dicken Overalls standen um das Flugzeug herum. Und während alle anderen Passagiere in den Bus einstiegen, eilte der Doppelgänger Arafats unter dem Schutz zweier bewaffneter Soldaten zu einem entfernt parkenden Jeep.

»Das ist kein Motorschaden. Das ist eine Bombe. Der Bruder Arafats war auf einer geheimen Mission nach Europa«, murmelte ein dunkelhäutiger jemenitischer Händler neben mir und beäugte die Polizei mißtrauisch.

Und ich hätte sterben können vor Scham, denn ich wußte, daß mein Vater in weniger als einer Stunde durch gezielte Bestechung noch am Flughafen die wahre Ursache erfahren würde. Und ich hatte mich nicht geirrt. Er hat damals alles erfahren, es aber meiner Mutter verschwiegen. Es war tatsächlich ein Mordversuch an Arafats Bruder, der ihm sehr ähnlich sah.

Wir wurden in ein noch klapprigeres Flugzeug gebracht, das sich bald mehr gezwungen als freiwillig in die Luft erhob.

Das alte Ding vibrierte wie eine Küchenmaschine, und an zwei Stellen tropfte eine merkwürdig riechende Flüssigkeit auf die Passagiere. Das Personal war, entsprechend dem Billigtarif, grob und ungepflegt, überarbeitet und lustlos. Und das mitten im Himmel bei einem der schönsten Sonnenuntergänge, die ich je erlebt hatte. Wir flogen über den Wolken Richtung Nordwesten dem Abendrot entgegen.

Der Flugkapitän, ein ungeheuer fetter Mann, dessen weißes Hemd vermutlich seit einer Woche seinen Körper nicht verlassen hatte, kam fluchend aus dem Cockpit. Er verschwand hinter einem schmutzigen Vorhang im hinteren Teil des Flugzeugs. Dort aß und trank er schmatzend und gurgelnd, lachte laut und witzelte mit den Stewardessen.

Bald wankte das Flugzeug, und ein dürrer, übernächtigter Kopilot rannte den Gang nach hinten und verschwand ebenfalls hinter dem Vorhang. Wir hörten Gebrüll und eine Ohrfeige.

Ich war wie gelähmt vor Entsetzen bei dem Gedanken, daß unser Flugzeug führungslos über den Wolken raste.

Als der Kapitän wieder auf den Gang trat und ins Cockpit ging, folgte ihm sein Kopilot mit fahlem Gesicht wie ein Kalb, das zur Schlachtbank geführt wird.

Kurz darauf kam der Kapitän wieder heraus, trank, lachte und schmatzte wieder eine halbe Stunde lang. Auch der Kopilot kam erneut, doch diesmal wagte er nicht, hinter den Vorhang zu gehen, sondern flehte den Kapitän vom Gang aus um Hilfe an.

Zufrieden kam dieser heraus, klopfte dem kleinen Mann auf die Schulter und taumelte hinter ihm den Gang entlang zum Cockpit zurück. Eine Wolke aus Schweißgeruch, kaltem Zigarettenrauch und Alkohol flog ihm nach.

Dann wurde das Essen serviert und von den meisten

Passagieren sofort zurückgeschickt. Ein widerlicher Fraß aus kaltem Plastik mit irgendeiner gefärbten Gelatine. Die schwarze Brühe, die man selbst aus lauwarmem Wasser und Kaffeepulver anrühren mußte, roch nach alten Schuhen und schmeckte entsprechend.
Plötzlich, wir waren bereits über Griechenland, ertönte die Stimme einer aufgeregten Stewardeß, und das Zeichen zum Anschnallen leuchtete auf. Kein Mensch verstand das hysterische Lallen aus dem knisternden Lautsprecher, aber alle fühlten wie ich, daß das Flugzeug an Höhe verlor, immer mehr mit dem Hintern nach unten sackte.
Ich sah, wie eine Stewardeß betrunken mühselig den Gang entlangtaumelte. Sie war kreidebleich. Ich fühlte mich elend, doch mehr, als mich am Sitz festzuhalten, konnte ich nicht tun. Ich hörte Schreie.
Doch plötzlich fing sich das Flugzeug wieder und startete durch. Wir gewannen an Höhe und Ruhe. Der Kapitän tauchte nicht wieder auf.
Bald flogen wir im Dunkeln, und mein Herz klopfte im Hals, als wollte es hinausfliegen und sich retten.
Erst als ich hörte und spürte, daß die Räder der Höllenmaschine den Boden der Berliner Landebahn berührten, fühlte ich Erleichterung.
Die Passagiere gratulierten sich gegenseitig zur Errettung, und ein alter Mann erhob seine Hände und richtete seinen Blick gen Himmel: »Gott ist barmherzig! Ich habe die ganze Zeit gebetet.«

In der Schlange vor der Paßkontrolle stehend hörte ich einen beleibten Ägypter, der gerade aus Australien nach Berlin geflogen war, seinem Nachbarn in der Reihe, einem dürren Tunesier, sagen: »Heutzutage ist Reisen ein Kinderspiel. Frühstück bei meiner Schwester in Sydney, Abendessen bei meiner Frau in London oder Berlin. Sie ist englische Modemacherin und fliegt wie ich federleicht zwischen den Welten.«
Ich bekam einen hysterischen Lachkrampf. Wahrscheinlich durch die Strapazen bedingt, konnten meine Nerven so viel Komik nicht vertragen. Meine Nachbarn versuchten, mich zu beruhigen, doch immer, wenn ich dem beleidigt dreinschauenden Ägypter erklären wollte, warum ich lachte, erstickte ein nächster Lachanfall meine Worte. »... federleicht ... Agatha Christie ... Orientexpreß ... federleicht ... Honolulu ... Arafat ... Bombe ... versoffene Crew«, hörte ich mich zwischen den Lachsalven stammeln. Es war nichts zu machen, und alle Umstehenden – ausgenommen der Ägypter – lachten mit, obwohl sie nichts verstanden. Ich muß komisch ausgesehen haben.
Am Paßkontrollschalter hatte ich fürchterliche Bauchschmerzen und nahm mich unter größter Mühe zusammen. Ich steckte den Paß durch den Schlitz und bemühte mich, den Polizisten ernst, garniert mit etwas Angst, anzuschauen. Das erwarten Polizisten aller Länder bei Reisenden.
Plötzlich hörte ich den Ägypter ein paar Meter weiter auf englisch brüllen: »Sir, das ist nicht mein Koffer.

Ich muß ihn verwechselt haben. Mein Koffer ist auch aus braunem Leder, aber meiner war vollgestopft mit teuren Dingen! Aber ... das ist doch mein Hemd, aber wo sind Jacke und Krawatten? Wo ist meine teure Kamera geblieben?«

Der Zollbeamte zuckte unbeteiligt mit den Schultern, und da er am kargen Inhalt des Koffers nichts zu beanstanden fand, schob er ihn zur Seite und bat den Ägypter weiterzugehen.

AM ANFANG
WAR DER AUFENTHALT

Der Beamte sah auf das gelbe Formular. Er überflog hastig die Zeilen, als lese er das Papier, manchmal faßte er eine Zeile besonders ins Auge.

Schließlich warf er einen durchdringenden Blick auf den Ausländer, der ihn aus verträumten schwarzen Augen sanft ansah. Sein dunkles Haar war ungepflegt, sein Bart zerzaust, tiefe Narben von alten Wunden bedeckten seine Stirn.

»Ein Gammler«, dachte der Beamte, und ein giftiges Lächeln huschte über sein Gesicht. Er stand langsam auf und stützte sich auf die trennende Theke.

»Also, Sie heißen Mschiha?« erkundigte er sich ironisch.
»Ja«, antwortete der junge Ausländer leise.
»Und was bedeutet das?« Er zeigte mit seinem dicken Finger auf die ihm unverständliche Zeile – Vater: Gott/Yusef.
»Das ist nun mal so«, erwiderte Mschiha unschuldig.
»Und Sie sind in Bethlehem geboren?« fragte der Beamte ungeduldig.
»Ja, das solltest du aber wissen.«
Sein Unwissen hätte den Beamten weniger gestört als das unverschämte Duzen. Er kochte innerlich vor Wut, ließ sich aber nichts anmerken.
»Den Paß bitte!« Mschiha wußte von keinem Paß.
»Ich habe noch nie einen gehabt«, sagte er verlegen.
»Und wie kamen Sie nach Deutschland?«
»Vom Himmel«, antwortete der junge Ausländer, als gäbe es nichts Selbstverständlicheres.
»Aha!« Der Beamte trat einen Schritt zurück – er verstand es, mit schwierigen Ausländern umzugehen. Sein Gesicht wurde freundlicher. »Nehmen Sie doch bitte Platz, da hinten bitte.«
Er zeigte auf einige Sitzbänke in der großen Halle der Ausländerbehörde und ging durch einen Gang, der von Regalen gebildet wurde, die mit Akten gefüllt waren, zur pflanzengeschmückten Chefecke.
»Da ist wieder einer, der durchgedreht hat; ich glaube, ein Araber. Sehen Sie sich das an!« Er zeigte

seinem Chef das Formular. Der setzte seine Brille auf und las die ersten Zeilen.

»Aber Herr Schmidt«, sagte er und nahm die Brille wieder ab, »das ist doch ein klarer Fall – worauf warten Sie?«

»Ja, ja«, murmelte der Beamte und griff zum Telefon. Er wählte eine Nummer – »Schmidt, guten Tag. Wir haben hier einen schwierigen Fall; können Sie uns einen Streifenwagen schicken? ... Ja, danke, Wiederhören.«

Er legte den Hörer auf und ging zurück zu seinem Platz. Mschiha sah ihm entgegen.

»Das haben wir gleich, Herr ...«, beruhigte Schmidt ihn.

Dann wandte er sich dem nächsten Ausländer zu – einem kleinen Griechen.

»Guten Tag, Sie chaben mir diese Vorladung geschickt.«

Der Beamte nahm das Vorladungsschreiben und warf einen Blick darauf.

»Ja, Herr Adonis ...«

»Mudopulos ...«, korrigierte der Grieche und fügte erklärend hinzu: »Adonis ist mein Vorname.«

»Ja, Herr Monopolos, Sie studieren seit 28 Semestern ...?!«

Adonis, der sich die ganze Nacht auf die Antwort vorbereitet hatte, redete wie ein Wasserfall: »Also, ich chabe erst Maschinenbau gelernt, dann Brennstoff und jetzt Philosophie.«

Der Zusammenhang war dem Beamten nicht klar, und so trat er die Flucht nach vorn an. »Philosophie seit 18 Semestern?«
»Ja, das ist chalt ein langes Studium, und ich chabe ...«
»Können Sie uns eine Bescheinigung vom Akademischen Auslandsamt vorlegen?« unterbrach ihn der Beamte routiniert.
»Das ist chier.« Adonis überspielte sein Unbehagen und holte eine blaue, computergeschriebene Immatrikulationsbescheinigung aus seiner Tasche.
Der Beamte winkte ab. »Das genügt nicht. Sie müssen uns eine Bescheinigung bringen, daß Sie ordentlicher Student der hiesigen Universität sind.«
Adonis wurde blaß vor Wut. Er packte alle Papiere zusammen, die er inzwischen auf der Theke ausgebreitet hatte.
»Churensohn«, hörte Mschiha ihn fluchen, als er an ihm vorbeiging.
Er wunderte sich über Adonis' Abneigung, die er nicht teilen konnte – der Beamte war ja so freundlich zu ihm gewesen. »Vielleicht ist die Sache mit der Philosophie nicht ganz koscher«, murmelte er vor sich hin.
Keiner konnte wissen, daß Adonis am liebsten nach Griechenland zurückgekehrt wäre. Seine Angst vorm Militär verbot es ihm.

Mschiha spürte plötzlich eine Hand auf seiner Schulter. Er drehte sich um: zwei Polizisten standen hinter ihm.

Der jüngere forderte ihn auf: »Machen Sie keinen Ärger! Kommen Sie mit!«

Mschiha wunderte sich, aber er stand auf. Dabei fiel sein Blick auf Schmidt, und er bemerkte, wie dieser listig über den Rand seiner Brille schielte. Vielleicht hatte Adonis doch nicht so unrecht gehabt.

Draußen stand ein grüner Wagen. Sie stiegen ein, und der ältere Polizist brauste los.

Er fuhr zunächst am Fluß entlang und steuerte dann auf den Wald zu. Mschihas Blick ruhte auf der Landschaft, und er überlegte sich, wieviel tausend Menschen aus der Sahelzone doch hierhin umgesiedelt werden könnten ...

Der Wagen hielt vor einem großen Tor. Auf dem Parkplatz dahinter standen weitere grüne Autos. Mschiha und seine Begleiter stiegen aus und betraten eines der Gebäude. Mschiha bekam ein wenig Angst. Links vom Eingang klopfte der jüngere Polizist an eine der Türen und öffnete sie dann.

Ein junger Polizeiinspektor saß hinter seinem Schreibtisch und las gerade eine Zeitschrift. Als die drei den Raum betraten, legte er sie beiseite.

»Da sind Sie ja«, begrüßte er die Eingetretenen und wandte sich Mschiha zu: »Nehmen Sie Platz.«

Mschiha setzte sich auf den einzigen Stuhl vor dem Schreibtisch.

»Also, Herr ...«, fing der Inspektor an.

»Mschiha«, ergänzte dieser.

»Ja, Herr Mschiha, Sie behaupten also, Sie hätten keinen Paß und Sie wären vom Himmel gekommen.«
»Ja, du sagst es.«
Der Inspektor war erstaunt.
»Sie sagen des weiteren, Sie seien der Sohn Gottes?«
»Wahrlich, ich sage es dir.«
»Herr Mschiha, brauchen Sie einen Arzt?« fragte der Inspektor leise und freundlich.
»Weshalb?« wollte Mschiha wissen, weil er den Zusammenhang nicht verstand.
»Ich meine, fühlen Sie sich nicht wohl?« drängte der Inspektor nervös.
»Ja, weil ich nicht verstehe, was das hier soll«, antwortete Mschiha traurig.
»Sie stellen sich alle so dumm«, flüsterte der dicke Polizist seinem Kollegen ins Ohr.
Der wollte mit seinem Wissen nicht zurückstehen und ging daher noch einen Schritt weiter.
»Wer weiß, was dieser Kerl angestellt hat oder wer ihn geschickt hat«, murmelte er.
»Du meinst, ein Spion?« fragte der Dicke.
»Das habe ich nicht gesagt«, antwortete der andere vielsagend.
»Nun gut, Herr Mschiha«, fuhr der junge Inspektor fort, »ich will versuchen, Ihnen zu helfen. – Fangen wir von vorne an: Wo wohnen Sie? ... und ... äh.«
»Ich wohne überall – in den Herzen der Menschen«, entgegnete Mschiha.
Der Inspektor notierte: kein fester Wohnsitz.

»Welcher Beschäftigung gehen Sie nach?« fragte der Inspektor weiter.

»Zur Zeit tue ich nichts. Ich will nur sehen, wie es um die Ausländerrechte auf der Erde steht.«

»Sind Sie Rechtsanwalt- ähm, ich meine, Amnesty?« erkundigte sich der Inspektor höflich, aber verunsichert.

»Nein, wieso? Sind die Ausländer hier im Gefängnis?« Mschiha war empört.

»Nein, nein, ich meine, was ist Ihr Beruf?« fragte der Inspektor geduldig.

»Ich habe nur kurz bei meinem Vater als Tischler gearbeitet.«

»... Und Sie arbeiten jetzt noch dort?« wollte der Inspektor wissen. Mschiha verneinte, und er notierte: arbeitslos.

»Suchen Sie eine Arbeitsstelle?« fragte er dann verständnisvoll.

»Nein, ich habe als Sohn Gottes alle Hände voll zu tun«, antwortete Mschiha betrübt.

»Schon wieder«, flüsterte der Inspektor verzweifelt, nahm das Telefon und wählte eine Nummer.

»Ja, Ulmer, guten Tag. Kann ich Dr. Braun sprechen?« Während er auf die Verbindung wartete, spielte er nervös mit einem Bleistift.

»Ja, Ulmer. Mein Lieber, wie geht's dir? ... Ach, gut, danke – was macht ihr denn so? ... Ja, ja, meine Kleine auch. – Na ja, ich brauche deine Hilfe. Ein junger Mann möchte mit dir reden ... Bitte? ... Ja, er ist hier ... Ja, ja, ich schicke ihn dir sofort mit den Jungs ... Ja, sofort. Grüß deine Frau ... Ja, danke, mach ich, Wiederhören.«

Dr. Braun war Mitte Vierzig und sehr einfach gekleidet. Wenn sein Bart nicht so stark ergraut wäre, hätte man ihn für einen Studenten halten können.
Als Mschiha die Tür öffnete, lächelte er und kam ihm entgegen.
»Guten Tag, nehmen Sie Platz.« Dann wandte er sich an die Polizisten: »Ich brauche Sie nicht mehr, vielen Dank.«
Die beiden verschwanden unauffällig, und Dr. Braun setzte sich auf die Kante seines Schreibtisches, um die Atmosphäre entspannter zu gestalten. Psychiater glauben manchmal an die Wirkung solcher Gesten.
Er nahm die Begleitpapiere und las darin. Für ihn war der Fall klar: Größenwahn.
Seine Frage jedoch ließ von dieser Überzeugung nichts durchblicken: »Wann fühlten Sie sich zum erstenmal als Sohn Gottes?«
»Vor 2000 Jahren«, kam die unzweideutige Antwort Mschihas.
»Und was machen Sie beruflich?« fragte der Psychiater freundlich.
»Nichts. Warum ist das so wichtig? Als ob ich eine Arbeit suche. Das Ganze ist doch lächerlich. Ich will nur ein Zimmer mieten, und die Leute wollen eine Aufenthaltserlaubnis sehen ... Beruf, Beruf. Überall

fragt ihr nach dem Beruf. Der Mensch ist doch wichtig, nicht der Beruf«, belehrte Mschiha den Psychiater.

Dr. Braun betrachtete den Mann vor sich und dachte: »Das ist typisch für die falsche Einstellung der Asiaten zur Arbeit.« Er legte die Papiere beiseite, stützte sich mit beiden Händen auf den Tisch und wippte mit dem rechten Fuß, während er feststellte:

»Tja, ich meine, wenn Sie der Sohn Gottes sind, können Sie doch Wunder vollbringen!« Dr. Braun wußte, daß sich diese Frage hart am Rande des Zumutbaren bewegte, aber er war ein Erneuerer und fanatischer Anhänger der Schocktherapie.

»Das kann ich wohl, aber was hilft das, wenn du doch ungläubig bist?«

Dr. Braun war sichtlich schockiert, aber das waren nun mal die unangenehmen Begleiterscheinungen seines vornehmen Berufes.

»Schön«, sagte er, »dann zeigen Sie mal was.«

»Was denn?« fragte Mschiha verärgert.

»Wandeln Sie doch zum Beispiel das Glas Wasser in Wein um«, schlug Dr. Braun vor, sich auf seine spärlichen Evangeliumskenntnisse stützend. Er nahm das Wasser, das auf seinem Tisch stand, in die Hand.

Mschiha sagte, zu Boden blickend: »Es ist schon Wein.« Der Klang seiner Stimme war voll Trauer.

Dr. Braun bekam eine trockene Kehle, während er beobachtete, wie das Wasser sich im Nu rot färbte. Er zitterte heftig und konnte nicht mehr sitzen bleiben.

Er stand auf und flüsterte: »Oh, mein Gott«, obwohl er drei Jahre zuvor wegen der Steuer aus der Kirche ausgetreten war.

»Trink!« flüsterte Mschiha wütend.

Dr. Braun nahm das Glas und nippte an der roten Flüssigkeit. Es war ein gewöhnlicher Rotwein, ein wenig zu süß.

»Glaubst du nun, mein Sohn?« Mschiha sprach mit dem Psychiater nun nicht mehr als der junge Jesus, sondern als Gott.

Dr. Braun, dem die Dreifaltigkeit nie so ganz begreiflich gewesen war, fühlte sich beleidigt, aber er stand mit offenem Mund da und blickte ängstlich auf dieses Wesen. »Ich glaube, das ist ein Fall für die Kirche«, sagte er sich, und zu Mschiha: »Warten Sie einen Augenblick.«

Dr. Braun stürzte aus seinem Zimmer und, ohne anzuklopfen, in das Büro seiner Sekretärin – etwas, was nur sehr selten geschah. Diese sah erschrocken von ihrer Arbeit auf.

»Frau Heiner, wissen Sie, wer bei mir ist?«

Frau Heiner hatte das Gefühl, ihr Chef müsse eine bedeutende Persönlichkeit meinen, konnte sich aber niemand Bestimmtes vorstellen. Sie schüttelte den Kopf.

»Ein Mann, der Wunder vollbringt«, stotterte er.

Die Sekretärin sah eine langgehegte Befürchtung bestätigt: der Psychiater brauchte einen Psychiater.

»Rufen Sie den Bischof an! Sagen Sie ihm, er soll sofort kommen«, unterbrach Dr. Braun ihre Gedanken. Dann drehte er sich um und ging. In der Tür hielt er noch einmal inne: »Und kommen Sie bitte anschließend zu mir.«

Frau Heiner hätte statt des Bischofs viel lieber den Anstaltsleiter angerufen. Sie tat aber, was viele unschuldige Beamten immer wieder tun: sie gehorchte der Autorität.

Nach dem Anruf klopfte sie leise an der Tür ihres Chefs. Es herrschte Totenstille, als sie eintrat. Mschiha war in seine Gedanken versunken, und Dr. Braun kaute nervös an seinen Nägeln herum.

Frau Heiner wünschte den Herren einen guten Tag und setzte sich schnell auf den Stuhl unmittelbar neben der Tür.

Plötzlich hörte Dr. Braun auf, an seinen Nägeln zu kauen. Er beschimpfte sich innerlich, weil er sich immer wieder bei dieser schlechten Angewohnheit ertappte.

»Frau Heiner, probieren Sie den Wein!«

Frau Heiner winkte ab, weil es während der Dienstzeit verboten war, Alkohol zu trinken.

Aber Dr. Braun ließ nicht locker: »Bitte, nur einen Schluck!«

Also nahm sie das Glas und schlürfte den Wein, als wäre er eine Medizin. Dabei bewegte sie sich so vorsichtig, als wolle sie den fremden Herrn nicht aufwecken.

»Es ist Wein«, bestätigte sie leise.

»Und Sie wissen, daß es Wasser war und daß ich nie Wein oder andere Alkoholika in meinem Büro habe?« triumphierte der Doktor, als sei dies sein eigenes Wunder.

»Ja, ja«, sagte die alte Dame, obwohl sie wußte, daß in der rechten Schublade seines Schreibtisches immer eine Flasche Whisky lag.

»Ein spanischer«, fügte sie leise hinzu, um die widerliche Süße anzudeuten.

»Nein, ein, wie soll ich sagen, nahöstlicher«, erwiderte Dr. Braun sehr allgemein und ohne sich auf ein Land festzulegen. Dann herrschte wieder Stille …

»Haben Sie angerufen?« fragte der Psychiater schließlich flüsternd.

»Ja«, antwortete Frau Heiner.

»Die Brüder sind aber auch nie da, wenn man sie braucht«, beschwerte er sich, und Mschiha mußte lächeln.

Der Bischof war Mitte Sechzig, klein und mager. Eine dicke Brille ließ seine Augen noch kleiner erscheinen, als sie waren.

Er betrat den Raum und faßte Mschiha sofort ins Auge. Dann wandte er sich an Frau Heiner und fragte: »Kann ich mit ihm fünf Minuten allein bleiben?« Dr. Braun verstand. Er erhob sich und verließ zusammen mit der Sekretärin den Raum. Als er die Tür hinter sich schloß, flüsterte er Frau Heiner zu: »Kein

Wort, keine Presse, vielleicht ist der Mann ein Betrüger.« Sie nickte gehorsam.

»Nun sind wir allein«, stellte der Bischof fest. »Können Sie mir wirklich den Beweis geben, daß Sie fähig sind, Wunder zu vollbringen?«

Mschiha blickte zu Boden. Schließlich hielt er dem Bischof seine Hände hin.

»Sieh mal das ...«, dann strich er das Haar aus der Stirn, »... und das«, fügte er hinzu. Überall waren die Narben deutlich zu sehen.

»Ja, aber entschuldigen Sie, das kann doch jeder.«

Mschiha blickte auf den Bischof; seine Augen waren zornig. »Ihr Ungläubigen, wie oft soll ich es euch zeigen? Wie oft?«

Dann stand er auf, ging zum Fenster und blickte auf die alten Birken. Am liebsten hätte er den Bischof bestraft, aber andererseits war Mschiha ein geduldiger Mensch.

Er drehte sich wieder um.

»Was willst du sehen, damit du glaubst? Ich habe es eilig. Soll ich dir Wasser in Wein umwandeln oder vielleicht in Öl?«

Der Bischof dachte bei sich: »Öl in Wasser, Wasser in Wein, das macht doch heute jede chemische Fabrik, jede Kneipe.«

Nervös betrachtete Mschiha wieder die Bäume.

»Nein, o Herr«, sagte der Bischof, »wenn du Wunder vollbringen kannst, dann heile meine Leiden. Ich habe ...« Er wollte erzählen, wie groß seine Ver-

antwortung sei, aber Mschiha unterbrach ihn barsch.
»Du mußt an mich glauben ...«
Der Bischof litt an Magen- und Blasenentzündungen. Jahrelang schluckte er schon Medikamente – ohne nennenswerte Erfolge. Nun sagte er sich, er glaube zwar nicht an diesen Kerl, aber zwei Minuten könne er sich wohl doch dazu zwingen ...
Bischöfe können das. So entgegnete er heuchlerisch: »Ja, ich glaube an dich.«
»Du bist geheilt, wenn dein Glaube auch schwach ist.«
Urplötzlich verschwanden die Schmerzen des Bischofs. Seine Blase, sein Magen waren auf einmal so weich, daß er sie nicht mehr spürte.
»O Herr, verzeih mir!« rief er und fiel auf die Knie. »Ich bin ein elender Sünder.«
Mschiha kam auf den Bischof zu und faßte ihn an den Armen. Der spürte eine starke Hitze, dort, wo die Hände Mschihas ihn berührten.
»Steh auf, mein Sohn«, forderte er den Bischof auf.
Dann nahm er ihm die Brille weg.
Der Bischof schloß die Augen. Mschiha warf die Brille in den Papierkorb und befahl: »Öffne deine Augen, du bist geheilt.« Der Bischof folgte der Aufforderung ... und sah zum erstenmal in seinem Leben klar. Jetzt konnte er auch erkennen, wie schön Mschiha war.
»Allmächtiger, ich bin dein Sklave, ich habe an dir gezweifelt, und du hast das bestimmt gewußt.«

»Ach was«, beruhigte ihn Mschiha. »Mein Sohn, das war vor 2000 Jahren möglich, aber heute, in dieser komplexen Welt, da weiß einer selber nicht, was alles in seinem eigenen Kopf vorgeht. Nein, nein, mein Sohn, ich weiß alles nur so ungefähr.«

Der Bischof war beruhigt, daß der Herr das mit der Chemiefabrik nicht wußte. Als Zeichen seines guten Willens erzählte er es ihm trotzdem, und beide lachten herzlich.

»Nun, du weißt, Herr, wir, die Katholiken, sind deine ergebenen Diener. Wir bauen unsere Kirche weiterhin auf den Fels, den du uns gegeben hast. Du weißt aber, daß es in dieser Welt mehr als 300 Sekten gibt. Wir haben es hier sehr schwer mit den Protestanten – schon der Name sagt genug! Laß uns hinausgehen und den Menschen die Wahrheit sagen, wie es ...«

»Nicht die Steuern sollen dich treiben, sondern mein Reich im Himmel«, unterbrach Mschiha den Bischof barsch.

Der Bischof wurde blaß. »Also weiß er doch, was in meinem Kopf vorgeht«, dachte er.

»Mein Sohn, in meinem Reich sind alle Menschen gleich. Meine Anhänger werden denen Mohammeds oder Moses nicht vorgezogen. Darauf haben wir drei im Himmel uns geeinigt.«

Der Bischof war unfähig, weiter zuzuhören.

»Khomeini auch?« fragte er ängstlich.

»Ja, der Alte auch.«

»O Gott, o Gott«, flüsterte der Geistliche und bekam rote Ohren.

»Mein Sohn, dein Glaube ist schwach; wahrlich, wahrlich, ich sage dir, bevor ein Auto dreimal hupt, wirst du anfangen, mich loswerden zu wollen.« Mschiha wußte, daß in der Bundesrepublik nur noch selten ein Hahn kräht.

»O nein, eher will ich sterben«, sagte der Bischof und fing an zu überlegen, wie er die sich anbahnende Katastrophe abwenden könnte.

»Wenn der Kerl auf die Straße geht, Wunder vollbringt und verkündet, der Protestantismus und der Katholizismus seien gleich viel wert ... und mit dem Islam komme man auch in den Himmel, dann ist Feierabend.«

Mschiha hatte sich nicht geirrt: Kurz nachdem der Bischof auf diesen Gedanken gekommen war, hupte an einer Verkehrsampel vor dem Gebäude ein Mercedes dreimal. Ein Student im Wagen vor ihm war nämlich so in einen Kuß mit seiner Freundin versunken, daß ihm entgangen war, wie die Ampel auf Grün geschaltet hatte. Erst nach dem dritten Hupen zeigte er dem Mercedesfahrer einen Vogel und gab Gas.

»Nicht sterben wirst du, sondern noch gesünder leben, wenn du mich losgeworden bist«, bemerkte Mschiha und lachte merkwürdig laut.

»Aber nein! Ich habe mein Leben für dich geopfert, ich habe ...«, widersprach der Bischof mit offensichtlicher Demut.

»Schweig!« unterbrach ihn Mschiha in der Aufzählung seiner Opfer. »Du hast nichts getan! Oder willst du mir etwa erzählen, daß du den Ausländern geholfen hast?« Mschihas Stimme klang aufgebracht.
»Aber Herr, mein Bistum hat 138 Vietnamesen aufgenommen«, versuchte der Bischof den Zorn seines Arbeitgebers zu besänftigen.
»Wie viele Türken, wie viele Griechen, ganz zu schweigen von den Arabern, hast du in deinem Haus aufgenommen?«
»Aber die haben doch Erdöl«, widersprach der Geistliche ganz leise.
»Schweig, mein Sohn, wir wissen es beide besser. Nur die Scheiche haben das Erdöl, und die brauchen dich nicht; aber die, die dich brauchen, haben nicht einmal Aldi-Öl.«
»Aber die Kirche macht doch vieles. Wir haben im Haushalt...«, warf der Bischof ein.
Doch Mschiha ließ sich nicht unterbrechen: »Haushalt hin, Haushalt her. Du hast nichts gemacht! Oder hast du nur einmal einen türkischen Fremdarbeiter bei dir zu Gast gehabt? Hast du jemals einen von deinen sieben Mänteln einem frierenden Jugoslawen gegeben? Hast du eine einzige Nacht in einer Baracke verbracht? Nein? Was hast du denn gemacht? ... Große Töne bei Kaffee-und-Kuchen-Kongressen gespuckt! Daß ich nicht lache!«
Der Bischof glaubte schon fast, seine Magenentzündung wieder zu spüren. Dieser Kerl weiß alles, und er

ist frecher, als es jemals in den Evangelien beschrieben worden ist, fuhr es ihm durch den Sinn. Eine Katastrophe war unvermeidlich, wenn er diesen Mschiha nicht aufhalten konnte. Aber wie sollte er das alleine schaffen? Nie würde ihm das gelingen.

Also, folgerte der Bischof, nur noch Zeit gewinnen. Und Mschiha waren diese Gedanken in der Tat entgangen.

»Nun beruhige dich doch, ich bin ja ein armer Sündensohn«, klagte der Geistliche, und Mschiha glaubte an seine Ergebenheit.

Der Bischof schritt zur Tür und ging hinaus. Im Nebenzimmer wartete Dr. Braun – sichtlich nervös. Er lief auf und ab wie ein gefangenes Tier.

»Ich bitte Sie, lassen Sie ihn mit mir gehen; es ist ein sehr komplexer Fall ... Und bitte zu niemandem ein Wort. Versuchen Sie, den Fall zu vergessen; es ist besser für uns alle«, erklärte der Bischof und kehrte zu Mschiha zurück.

»Gehen wir«, forderte er diesen auf.

Sie gingen erst den Korridor entlang, dann die Treppe zum Hof hinunter. Der Chauffeur des Bischofs fuhr den Mercedes schnell bis vor den Eingang, als er die beiden sah.

Mschiha wollte eigentlich nicht einsteigen. Andererseits brauchte er den Ausweis eines normalen Sterblichen, und er wußte, der Bischof würde das für ihn erledigen, um ihn so schnell wie möglich loszuwerden.

»Schön hast du es hier«, stellte Mschiha sich umschauend fest.

Der Angesprochene schmolz in seiner Ecke zusammen.

Als ihm Mschiha nach diesem Satz lachend auf die Schulter schlug – wobei er seine gelben Zähne zeigte –, wurde dem armen Religionshüter schlecht. Mschiha lachte so laut, daß der Chauffeur diesen komischen Fahrgast mißtrauisch im Rückspiegel betrachtete und ihn am liebsten rausgeworfen hätte.

Das Auto fuhr schnell.

Plötzlich schrie Mschiha: »Halt!«

Der Fahrer erschrak. Er fuhr den Wagen an die Bordsteinkante ... und wußte nicht weiter. Dem Bischof erging es nicht anders.

Mschiha befahl: »Macht die verdammte Tür auf«, da er mit dem Schloß nicht zurechtkam. Der Bischof öffnete sie benommen.

»Wohin?« flüsterte er mit trockener Kehle.

Mschiha rannte mehrere Schritte zurück. Ein Mann schlug dort auf sein Kind ein. Mschiha packte ihn:

»Was machst du? Die Kinder sind meine Lieblinge! Wieso schlägst du dieses Kind?«

Der Mann stand fassungslos da. »Scheren Sie sich zum Teufel! Ich mache was ich will mit meinem Kind«, fuhr er ihn wütend an.

»Aber, mein Sohn, das darfst du nicht«, sagte Mschiha gütig.

»Bei dir piept es wohl, hau ab!« schrie der Mann

Mschiha an. Einige Passanten, die dazugekommen waren, ergriffen für den Mann Partei.

Der Bischof, der inzwischen herangekommen war, wünschte sich ein Erdbeben herbei, das diesem Alptraum ein Ende bereitete. Er flüsterte Mschiha zu: »Laß uns bitte gehen, ich werde dir alles erklären.« Mschiha gab nach und ging zurück zum Auto.

»Ein Kanake ist das!« rief der Mann hinter ihm her.

Sein Sohn hatte eine Atempause; daß er diese Pause Mschiha verdankte, wußte er nicht.

Der Bischof aber wußte genau, daß seine Vorstellung von der herbeirollenden Katastrophe untertrieben gewesen war. Das Bischofshaus lag am Fluß. Es gehörte einst einem Philosophen, der anfänglich handfeste Beweise gegen die Existenz Gottes veröffentlichte; mit den Jahren überdachte der Philosoph seine Theorie noch einmal und bereute – wie viele seiner Kollegen – die Fehler seiner Jugend. Die Kirche aber blieb hartnäckig und verzieh ihm erst, als er ihr in seinem Testament die Villa vermachte.

Es war ein zweistöckiges Haus mit großem Garten, in dem der Philosoph auf Spaziergängen seine Gedanken entwickelt hatte. Eine schmale Landstraße trennte das Haus von der Wiese am Ufer des schönen Flusses. Die Terrasse aber war so angelegt, daß die Augen über die Bäume hinweg den Anblick der Wiese und des Flusses genießen konnten, ohne den Strom der Autos sehen zu müssen.

»Da sind wir ja«, sagte der Bischof erleichtert.

Mschiha blickte auf das Haus, dann auf die Wiese.
Viele Jugendliche spielten dort. Andere lagerten in
den letzten Strahlen der untergehenden Sonne.

»Du solltest dich erst einmal mit einer heißen Dusche
erfrischen«, schlug der Bischof vor und wies wie ein
Verkehrspolizist den Weg zur Treppe.

Doch Mschiha winkte ab: »Laß mich zu den Leuten
dort gehen, ich schlafe da draußen.«

»Aber Herr, es wird sehr kalt in der Nacht.«

»Hab keine Sorge, mein Sohn, es gibt keine bessere
Decke als den Himmel und kein besseres Bett als die
Erde. Geh in Frieden und vergiß nicht, morgen haben
wir viel zu tun.«

Der Bischof wußte nichts Besseres zu sagen als:
»Möchtest du auf der Wiese frühstücken?«

»Laß das Frühstück den Kummer des Morgens sein«,
war die sanfte Antwort des Allmächtigen.

Der Bischof verabschiedete sich mit einem hastigen
»Ja, ja, bis morgen« und eilte die Treppe hinauf.

Mschiha legte sich auf die Wiese und schlief bald ein.

Als der Bischof anfing, die hohen Ämter der Kirche
anzurufen, war er erstaunt, daß man ihn nicht aus-
lachte. Im Gegenteil: Viele bestätigten, daß Journa-
listen bei ihnen angefragt hatten, ob es stimmte,
daß ein Mann in der Bundesrepublik aufgetaucht sei,
der Toten das Leben wiedergeschenkt, schon Kranke
geheilt und 3000 Liter Wasser in Wein verwandelt
habe.

Der Bischof war nicht nur erstaunt, sondern auch verärgert darüber, daß die Sekretärin in der Heilanstalt die Nachricht in fast alle Bundesländer verbreitet hatte. Er sah sich darin bestätigt, daß Frauen keine Geheimnisse für sich behalten können. Er wußte nicht, daß er sich wieder einmal irrte. Es war nämlich der Psychiater gewesen, der lallend allen wichtigen Zeitungen anonym die Vorfälle des Vormittags mitgeteilt und mit dem bedeutungsvollen Satz geendet hatte: »Sie können bei der Bischofskonferenz oder beim Gemeindepfarrer nachfragen.«

Die Kirchenfürsten einigten sich darauf, den Papst in dieser Angelegenheit zu Rate zu ziehen.

Der war aber in China, und in dem Dorf, in dem er am Totenbett des letzten katholischen Mönches eines einst bedeutenden Klosters saß, gab es kein Telefon.

Sein Stellvertreter in Rom antwortete mit der Lässigkeit eines Italieners: »Schön, dann beten wir, bis Gott uns erleuchtet.«

Der Bischof war empört: »Was heißt hier Gott? Der liegt doch da unten auf der Wiese!«

Die Stimme des Italieners klang trotz der schlechten Telefonverbindung sehr ironisch: »Ich habe mich vielleicht nicht deutlich genug ausgedrückt. Ich meine Gott, den Alten, da oben, verstehen Sie?!«

Und obwohl der Bischof nicht verstand, sagte er: »Ja, richtig.«

An diesem Abend kursierte ein streng geheimes Telegramm bei allen Bischöfen und Kardinälen Europas, und alle knieten nieder und beteten, daß Gott diese Katastrophe zu einem guten Ende führen möge.

Die deutsche Fraktion fügte noch eine unterschwellige Drohung hinzu: »Sonst werden wir unsere Arbeitsplätze verlieren und deine Schafe nicht mehr zu dir, Allmächtiger, führen können.«

Gott, der Vater, hörte dies alles und sah bekümmert aus. Er sprach zu Gabriel, er solle sofort auf die Erde gehen und den Sohn auffordern zurückzukommen.

Gabriel war im Nu auf der Wiese. Es war inzwischen dunkel. Kniend sprach er zu Mschiha: »Allmächtiger, du sollst in den Himmel zurückkehren, sonst wird Unheil geschehen.«

»Ich gehe nicht. Was ich angefangen habe, muß ich zu Ende bringen.«

»Aber ...«, wollte Gabriel widersprechen.

»Kein Aber, dafür bin ich sogar bereit, ein zweites Mal am Kreuz zu sterben.«

Gabriel widersprach nicht mehr, denn die Strafe, die Luzifer einst ereilt hatte, steckte ihm noch tief in den Knochen. Er kehrte in den Himmel zurück und berichtete traurig von der Ablehnung.

Gott, der Vater, saß ganz schön tief in der Klemme; man machte es ihm aber auch nicht leicht. Mit geheucheltem Stolz erklärte er vor den Engeln: »Ich habe von meinem geliebten Sohn keine geringere Tapferkeit erwartet.«

Die Engel nickten.

Gott aber saß da und überlegte: Die ganze Christenheit oder den Sohn opfern ... Und weil Gott einer der erfahrensten Politiker des Weltalls ist, beschloß er, den Sohn so leise wie möglich zu opfern. Er schickte alle Engel weg und erklärte flüsternd seinem ergebensten Diener Gabriel, was er zu machen habe.

Gabriel bekam große Augen, denn Gott entzog seinem Sohn die Göttlichkeit; zurückbleiben würde Mschiha nur seine Menschlichkeit.

Der Bischof hörte ein Zischen über seinem Kopf. Er erhob die Augen und sah die strahlende Schönheit Gabriels. Er bekreuzigte sich mehrmals und nahm die Botschaft Gottes sehr beruhigt entgegen.

Nachdem Gabriel zurückgeflogen war, bemerkte er dort, wo Gabriels Füße den Boden berührt hatten, ein kleines Päckchen. Er beeilte sich, es zu öffnen. Es enthielt einen Paß mit dem Bild Mschihas und auf den Namen Ali Allahmi.

Der Paß war für einen Heimatlosen ausgestellt und sah so echt aus, wie dies selbst bei der gutausgerüsteten Mafia nur selten der Fall ist. Er nahm den Paß und ging zum Telefon.

Viele Bischöfe Europas gingen erst in dieser späten Stunde zu Bett.

Am nächsten Morgen wachte Mschiha früh auf. Der Himmel war bewölkt. Die Wiese war leer; nur ein

Penner schlief noch, eingewickelt in seinen alten, grünen Schlafsack.

Mschiha spürte eine seltsame Angst, als zwei alte Passanten auf der Straße über ihn miteinander sprachen und er kein Wort verstand. Er stand auf und ging über die Wiese; dann rannte er über die Straße und betrat durch das Tor den Parkplatz des Bischofshauses.

Der Bischof sah ihn von der Terrasse aus kommen, wo er genüßlich Milchkaffee trank. Er stand auf, lehnte sich an das Geländer der Terrasse und sprach Mschiha mit »Sie« an.

Aber Mschiha verstand kein Wort, und seine Angst wurde immer größer. Schließlich winkte der Bischof seiner Haushälterin. Sie kam die Treppe hinuntergerannt. Unten übergab sie dem verwirrten Jungen seinen Paß, den er angeblich vergessen hatte.

Mschiha nahm ihn, blätterte ihn durch. Er sah sein Bild, aber er verstand nichts. Er winkte dem Bischof, auch herunterzukommen. Der aber entschuldigte sich höflich, und Mschiha fühlte Haß gegen den Bischof in sich aufsteigen. Er drehte sich um und ging zurück auf die Wiese.

Dort saß Mschiha stundenlang und schaute die Leute an. Sie sprachen eine fremde Sprache. Mschiha glaubte, dies sei nur eine Prüfung. Er wußte ja noch nicht, daß er ein ganz gewöhnlicher Mensch geworden war.

Gegen Mittag wurde er hungrig. Erst jetzt erkannte

er, was geschehen war, denn der Brocken Brot, den er gefunden hatte, weigerte sich standhaft, ein Brotlaib zu werden. Erst jetzt wußte Mschiha, daß er seine Göttlichkeit verloren hatte. Er saß da und weinte bitter und lange.

Seit einem Jahr lebt Mschiha, der nun Ali heißt, in Recklinghausen, wo er als Bergwerkskumpel sein Brot verdient. Nach Feierabend, in der Kneipe, erzählt Ali seinen Kumpels Geschichten. Und niemand weiß, wo bei diesem Verrückten die Lüge anfängt und die Wahrheit aufhört.

AUSFLUG MIT STRAFANZEIGE

Es war Montag. Ein sonniger Tag kündigte sich an, aber das launische Wetter der letzten Wochen machte die Leute mißtrauisch, sie trugen ihre Regenschirme und hasteten wie Ameisen in alle Himmelsrichtungen. Burhan wartete lange, bis die Verkehrsampel grün zeigte, erst dann rannte er über die Straße. Er spielte gegen einen unsichtbaren Gegner Karate – aber nur mit der rechten Hand. In der linken trug er eine Plastiktüte, in der er ein Heft, zwei Bleistifte und ein Buch verstaut hatte. Einen Schulranzen besaß er noch nicht.

Vor der Bäckerei stand Carlos. Er stand jeden Morgen da und glotzte die Kuchen im Schaufenster an. Burhan verstand sich mit Carlos sehr gut, weil beide im Schulhof ähnliche Tricks beim Spielen gebrauchten und sich hinterher darüber lustig machten, wie die deutschen Kinder aus der Fassung gerieten, wenn sie ein Spiel nach immer neuen Regeln veränderten. Beide hatten auch immer gelogen. Der eine sagte, das Spiel werde in Spanien so gespielt, der andere bestätigte das mit türkischer Erfahrung, obwohl beide weder Spanien noch die Türkei je gesehen hatten.

»Beeil dich«, sagte Burhan und stupste Carlos in den Rücken, der sich – erschrocken und verzweifelt wie jeden Tag – weiter den Schulweg entlangschleppte.

An diesem Morgen stand der Hausmeister – breit und dick – an der großen Tür und gab wie immer seine Kommentare ab, aber die Schüler gingen an ihm vorbei, ohne ihn zu beachten.

Auch an diesem Montagmorgen ahnte er nicht, daß diese zwei, die gerade an ihm vorbeigingen, ihm nicht den geringsten Respekt zollten, sonst hätte er nicht so angeberisch und laut gerufen: »Na! Wieder verschlafen?«

Carlos brachte sich erst mit zwei Schritten in Sicherheit, dann drehte er sich um und brüllte: »Hanswurst!«

Der Hausmeister überhörte diese freundliche Bemerkung.

Burhan, der auf dem Schulhof ununterbrochen redete und lachte, wurde ganz still, als er den Lehrer sah.

Der war ein großer Mann mit grauem Haar und hagerem Gesicht. Am Freitag hatte er schon gesagt, jeder Schüler solle sich vorbereiten, um am Montag einen Ausflug zu beschreiben.

Burhans Hoffnung, der Lehrer würde vielleicht nicht kommen, war zerstört. Er mochte diesen Lehrer nicht, weil er ihn öfter schlug. Burhan sang eben lieber in der Klasse, und das konnte der Lehrer gar nicht verstehen. Oft nahm er sich vor, den Lehrer mit Karateschlägen außer Gefecht zu setzen, aber das würde er nie können; doch noch weniger konnte er aufhören zu singen. Nun sollte er ausgerechnet diesem Lehrer mit den häßlichen Augen eine Geschichte erzählen.

Burhan hatte am Tag zuvor seine Mutter gefragt, wie er so einen Ausflug erzählen solle. Die Mutter meinte, er solle irgendwas erzählen. Sie glaubte ja immer, alles wäre so leicht. Burhan fragte den Vater, doch der wollte seine Ruhe haben, er war gerade dabei, im Kartenspiel zu verlieren. Burhan wartete, bis die erste Runde gespielt war, und fragte dann noch mal. Er wußte nicht, daß der Vater sehr sauer war, und als er das Wort »Ausflug« aussprach, sagte der Vater, er solle ihn am Arsch lecken. Das aber konnte Burhan dem Lehrer nicht sagen.

»Was sind das für Eltern! Sie verstehen nichts von der Schule!« schrie er und legte sich aufs Sofa. Da lag er lange und brütete vor sich hin. Dann schlief er ein. Als seine Mutter ihn aufweckte, hatte er gerade einen

sehr schönen Traum gehabt: Er war auf einem Mofa gefahren, und die Leute hatten mit Fähnchen in der Hand dagestanden. Dann war dieses Mofa noch höher als das Hochhaus in der Schillerstraße geflogen, und er hatte dort oben gesessen, und der Lehrer hatte ganz erstaunt auf ihn geblickt ... Als er dies seiner Mutter erzählte, sagte sie, er spinne; er solle lieber sein Gesicht waschen und seine Hose zuknöpfen, und, und, und ...
»Sie meckert ja immer«, dachte Burhan unterwegs.
Auf dem Weg zur Klasse hörte er jemanden rufen: »Was verkaufst 'n heute?«
Diese Stimme kannte er gut, es war die von Mahmud, dem Araber, der sich immer über seine Plastiktüte lustig machte, obwohl er selbst eine trug. Burhan drehte sich nicht um, sondern flüsterte wütend: »Halt den Mund!« und ging ins Klassenzimmer.
Dort war Antonio schon mit Karl in eine Rauferei verwickelt. Antonio war schmächtig und legte sich trotzdem immer wieder mit dem dicken, großen Karl an. Jedesmal überhörte er Burhans Ratschläge, Karl in die Hoden zu treten oder ihn mit der Hand – so wie Kung Fu – in den Bauch zu schlagen.
Ruhig wurde die Klasse erst, als der Lehrer eintrat.
Er stand da und blickte verzweifelt auf diese schon am Montagmorgen abgekämpfte Armee, mit der man nichts anfangen konnte. Was hatte ihn nur an diese verdammte Sonderschule verschlagen! Er konnte diese Kinder nicht verstehen. Es waren vierzig in ein

kleines Zimmer gepferchte Teufel. Er hatte Mitleid mit ihnen, aber nicht mal das wollten sie. Streit schlichten durfte er auch nicht. Als er das vor kurzem versucht hatte, mußte er zu seiner Verzweiflung feststellen, daß niemand seine Einmischung wollte; nicht einmal der geschlagene Antonio ließ sich überreden, Karl beim Direktor anzuzeigen.

»Guck dir diese ungewaschenen Gesichter an«, sagte er zu sich und »Guten Morgen« zu den Schülern.

»Guten Morgen!« brüllten die Wilden zurück.

»Nun möchten wir hören«, sagte der Lehrer, »was Karl erlebt hat, nicht wahr, Karl?«

Karl hätte am liebsten nein gesagt, aber er traute sich nicht, deshalb sagte er: »Jawohl, Herr Lehrer.« Dabei stand er ganz steif da, obwohl ihn Mahmud von hinten kräftig ins Bein zwickte.

»Na, komm nach vorn und erzähl!«

Karl war froh, diesen lästigen Mahmud loszuwerden, und beim Rausgehen versetzte er ihm noch einen Hieb, ohne daß der Lehrer etwas merkte. Mahmud tat so, als hätte der Schlag keine Wirkung auf ihn gehabt.

Karl ging bis zur Tafel, dort drehte er sich um und fing an zu erzählen.

Er sei mit Vati und Mutti irgendwohin gefahren. Die Bauern der Gegend wären so freundlich gewesen, alle hätten seine Eltern eingeladen; sie wären dann bei einem von denen zu Gast gewesen; er hätte mit seiner Schwester und den Dorfkindern den ganzen Tag auf der Wiese gespielt ...

Karl wurde immer lauter, aber Burhan hörte ihm kaum zu, ihn beschäftigten die Fragen, wer der nächste sein würde – und wie sollte er dann anfangen. Auf beide Fragen fand er keine Antwort.

Obwohl Burhan so in Gedanken versunken war, drang die laute Stimme von Karl in seinen Kopf:

»… und dann hat mein Vater gesagt, jetzt werden wir zwei Spanferkel braten …«

Burhan hörte wieder weg, er mochte kein Schweinefleisch. Sein Vater sagte, es mache krank, und er wollte nicht krank werden. Nun schaute er zur Seite, wo sich Antonio, der in der dritten Reihe links saß, über Karl schieflachte. Er zeigte ihm gerade einen Vogel.

Burhan dachte auch, daß Karl log, denn Karls Vater stand oft besoffen am Kiosk, und seine Eltern lebten armselig in diesem kaputten Viertel. Karl war noch gut in Schwung: »… mein Vati sagte, einen solchen Ausflug sollte man öfter machen.«

»Sehr gut«, lobte der Lehrer, und ohne eine Miene zu verziehen, sagte er: »Nun wollen wir Antonio hören, der sich die ganze Zeit so unverschämt lustig gemacht hat.«

Der Lehrer konnte Antonio nicht leiden, weil er oft frech war – vor allem aber in der Religionsstunde Freitag nachmittags. »Das kommt von der Erziehung«, sagte er sich, als Antonio schwerfällig seinen Platz verließ und sich unterwegs noch bemühte, sein Hemd in die Hose zu stopfen. Der Lehrer dachte:

»Mehr kann man ja eigentlich auch nicht erwarten, der arme Teufel ist nun mal Schlossersohn.«
Burhan mußte aufs Klo. Er hob die Hand, und der Lehrer war wieder mal erstaunt.
»Wir sind gerade erst reingegangen ...«
»Ja, ich kann aber nicht mehr ...«, flehte Burhan den Lehrer an. Der erlaubte es schließlich, schüttelte jedoch mißtrauisch den Kopf.
Während Burhan die Tür hinter sich schloß, hörte er Antonio anfangen: »Es war ein schöner Sonntag ...«
Burhan rannte über den Korridor. An der Treppe sah er sich verstohlen um, und da die Luft rein war, setzte er sich auf das breite Metallgeländer der Treppe und rutschte hinunter. Das konnte er gut, aber die Lehrer mochten es nicht.
Unten links von der Treppe stieß er mit der Schulter die Toilettentür auf. Dann machte er die Hosenknöpfe auf und beobachtete seinen Harnstrahl.
»Was erzählt Antonio wohl jetzt?« Er blickte auf die Wand. Dort entzifferte er den vor langem hingekritzelten Satz »Monika ist doof«. Er kannte keine Monika, aber ihr ging's bestimmt besser als ihm in dieser verfluchten Schule.
Schnell drückte er die Spülung und knöpfte die Hose wieder zu. Dabei dachte er an die Werbung zum Sauberhalten von Toiletten, die jeden Abend im Fernsehen gezeigt wurde, und pfiff eine der Melodien, während er sich langsam die Treppe hochschleppte.
»Was ist das für eine verdammte Schule!« Carlos

hatte gesagt, sie sei für dumme Schüler gebaut. Er wisse das, weil sein Vater einmal auf seine Mutter geschimpft habe, sie sei schuld, daß er – Carlos – in dieser Schule gelandet sei.

Burhan erreichte mit Mühe den Korridor. Dort stand er eine Weile am Fenster und blickte auf den leeren Hof. Er beobachtete, wie eine Amsel munter zwischen Hof und Mauer hin und her hüpfte. Sie hatte es gut, ohne Schule.

Seine Gedanken wanderten zur nächsten Pause. Es wäre besser, wenn er nächstes Mal versuchen würde, auf die Mauer zu klettern, da würde ihn bestimmt keiner fangen, aber die Lehrer würden sicher Krach machen, dachte er bei sich und bewegte sich langsam auf die Klassentür zu.

Er hörte jetzt deutlich Antonio erzählen: »... und mein Vater und meine Mutter waren glücklich. Sie verabschiedeten sich von Frau Müller und sagten: ›Bis zum nächsten Mal.‹ Als wir zu Hause angekommen waren, gaben mir Vater und Mutter einen Kuß, und ich ging schlafen.«

Burhan öffnete leise die Tür und wollte sich so unauffällig wie möglich auf seinen Platz verkriechen, aber der Lehrer ließ es nicht zu.

»Gut«, sagte er zu Antonio, und mit demselben Atemzug rief er: »Burhan.«

Burhan erschrak. Er blieb wie angewurzelt stehen.

»Du brauchst dich nicht zu setzen.«

Burhan drehte sich um und kam wieder nach vorne.

Die ganze Klasse glotzte ihn dumm an. Er stand regungslos da.
»Nun«, sagte der Lehrer, »erzähl uns mal was.«
Burhan begann leise, die Klasse war unruhig, und der Lehrer sagte, er höre nichts.
Burhan bekam einen roten Kopf. »Dieser schlimme Mahmud lacht schon wieder«, dachte er und fing noch einmal an zu erzählen.

»Es war Sonntag. Mein Vater sagte, wir müssen Essen einpacken und zum See fahren und dort den Tag verbringen. Er sagte, es gibt Sonne und es ist schön. Meine Mutter sagte, sie muß waschen und sie hat keine Lust. Mein Vater sagte, sie ist blöd; wenn alle Leute wegfahren, jammert sie immer, aber wenn er sagt, komm, wir gehen, macht sie Theater...« Burhan ergriff beim Erzählen für seinen Vater Partei.
»Scheißwäsche, jetzt gehen wir, sagte mein Vater. Meine Mutter sagte, er soll allein gehen... Dann hat mein Vater ihr ein schlimmes Wort gesagt, und sie weinte. Mein Vater hat immer geflucht und meiner Mutter gesagt, sie soll den Kaffee und den Zucker nicht vergessen, und sie soll auch sein Kissen mitnehmen. Meine Mutter sagte: Ja, ja...
Als mein Vater losfahren wollte, fing er an zu fluchen, weil das Auto nicht fuhr. Meine Mutter sagte, wir sollen nach Hause zurückgehen. Dann aber ging es doch, und meine Mutter schwieg, bis wir ankamen.
Dort am See war es schön. Meine Mutter legte eine

Decke auf die Wiese, und ich habe ihr geholfen, die Sachen auf die Decke zu stellen. Mein Vater hat den Kassettenrecorder angemacht und laut aufgedreht. Er mag türkische Lieder ... Türkische Lieder sind schön, soll ich eins singen?«
»Nein, nein, erzähl weiter!« griff der Lehrer ein.
»... Ja, ich nahm meinen kleinen Ball und ging spielen. Dabei sah ich ein Schild und darauf stand: Privat – Verboten – und noch irgendwas. Ich bin zu meinem Vater gegangen und habe ihm das gesagt. Er brüllte mich an: Verboten, verboten! Du Idiot, sagte er zu mir und krempelte seine Hose hoch und kühlte seine Füße im Wasser. Meine Mutter sagte immer wieder: Es ist heute so schön zum Waschen.
Dann fing mein Vater laut zu lachen an über einen Mann, der da komisch in der Sonne lag. Meine Mutter lachte auch. Mein Vater sagte zu ihr: Guck mal, er hat kein Haar auf der Brust, keines an den Beinen, keinen Schnurrbart, er sieht aus wie ein gekochtes Huhn, und beide lachten.
Der Mann hat nichts verstanden, weil sie türkisch gesprochen haben, er sah uns aber ganz böse an. Dann kam er bis zum Zaun und sagte zu meinem Vater: Du gehen, hier privat. Mein Vater lachte und sagte: Du müssen nix atmen, Luft pirivat. Der Mann war ganz böse und sagte: Du nix verstehen, hier privat, verboten, verstehn? Mein Vater sagte ihm: Ich nix töten, ich nix klauen, ich nur Sonne gucken. Sonne nix pirivat, Sonne nix verboten! Der Mann ist

gegangen, und mein Vater sagte auf türkisch: Gekochtes Huhn!
Ich war stolz auf meinen Vater, er hat nie Angst, er ist stark. Er erzählte mir einmal, in der Türkei...«
»Nun komm aber zum Schluß«, unterbrach der Lehrer ungeduldig. Die Schüler lachten gemein, nur Antonio nicht.
Burhan schrie: »Warum nicht? Ich...«, aber keiner hörte zu. Der Lehrer klopfte auf den Tisch. »Weiter, weiter, was habt ihr noch gemacht?«
Burhan erzählte und sah dabei nur noch Antonio an.
»...Ja, ich habe dann meinen Ball genommen und unter den Bäumen allein gespielt.
Da kam ein Hund und schnappte meinen Ball. Ich hab dann einen Stein genommen und nach dem Hund geschmissen. Ich traf den Hund aufs Ohr – ich treffe Hunde immer – er ließ dann meinen Ball los – ich mag keine Hunde – mein Vater mag auch keine ... Der Mann vom Hund kam zu meinem Vater und schimpfte. Mein Vater sagte: Warum Hund Ball nehmen, Hund schuld. Der Mann sagte, ich soll mich entschuldigen. Mein Vater war böse und sagte: Du nix mit meinem Sohn sprechen. Burhan, schlag den Hund, sagte er auf türkisch zu mir. Ich habe dem Hund einen Tritt gegeben – wenn ich das nicht gemacht hätte, hätte es Ohrfeigen gegeben. Der Mann war sehr, sehr böse und sagte: Hier nix Türkei! Hier Hund wie Mensch. Mein Vater lachte und sagte: Scheißhund, Hund nix gut, Kind viel besser.

Der Mann war wütend und sagte, er holt die Polizei. Mein Vater sagte: Du können auch Regierung holen, wir hierbleiben. Der Mann sprach mit seinem Hund, und beide gingen. Meine Mutter sagte, wir sollen gehen, mein Vater schimpfte auf sie und auf den Hund. Ich war sehr stolz auf meinen Vater.

Zwei Polizisten kamen, und mein Vater bekam Angst. Sie redeten viel, und mein Vater sagte immer: Kind nix Hund kaputtmachen. Der große Polizist schüttelte den Kopf und schrieb in sein Heft. Und dann gab er meinem Vater ein Papier, und sie gingen wieder. Mein Vater steckte das Papier in die Tasche und sagte meiner Mutter, sie soll aufräumen, und wir fuhren nach Hause. Meine Mutter war gut gelaunt, sie sagte, jetzt kann sie waschen. Nur mein Vater und ich waren traurig. Er sprach kein Wort und rauchte viel. Zu Hause hat er ...«

Der Lehrer unterbrach Burhan.

»Schluß, genug! Das ist doch kein Ausflug! Es ist doch immer dasselbe mit dir, geh auf deinen Platz!«

Burhan wurde wieder rot, mit gesenktem Kopf ging er zu seinem Platz. Er hatte noch erzählen wollen, wie sein Vater zu Hause geheult hatte.

Der Lehrer rief Mahmud zum Erzählen auf.

Als Mahmud mit den Worten »Herr Meier kam zu uns und fragte meinen Vati, ob wir mit ihm im Garten feiern ...« anfing zu erzählen, begann Burhan zu weinen. Leise, ganz leise weinte er vor sich hin, damit die anderen es nicht merkten.

DER KUMMER
DES BEAMTEN MÜLLER

Sie glauben doch nicht im Ernst, daß es mir mit diesen Kanaken, Kameltreibern und Spaghettis gutgeht!
Da kommt doch dieser halbwüchsige Spaghetti, der mich jedes Jahr wahnsinnig macht, mit seinem offenen Hemd und seiner speckigen Lederjacke hereingetanzt, als wäre die Behörde eine Diskothek. Ich werde das Gefühl nicht los, daß diese Itaker von Geburt an keinen Respekt vorm Gesetz haben. Weißt du, was er mir sagt, mein Lieber? Der Freche sagt zu mir, an meiner Stelle würde er sich die Arbeit ganz einfach machen, und ich Idiot frage auch noch: »Wie denn?«

Da sagt doch dieser Kerl, er würde jedem einen Stempel schenken, zum Mitnehmen nach Hause. »Warum immer hierher? Besser zu Hause ein Stempel!«
Wo kämen wir da hin, wenn das so wäre! Nun, seit zwei Jahren schreibt dieser Spaghetti bei »Nationalität« nicht mehr »Italiener«, sondern »Gastarbeiter«. Jedesmal erkläre ich es ihm, und er antwortet: »Ich nix weiß, ich vorher Italiano, aber jest nix Italiano, nix Deutsch, ich Gastarbeiter«, und das Schlimme ist, er lacht dabei, und genau das macht mich krank. Statt meine Fragen zu beantworten, erzählt er mir dauernd Geschichten von seinem schlechten Capo. Jedes Jahr dasselbe.
»Ich viil Arbeit, aber Capo sagt, nix gut. Warum?«
Ich sage ihm, er soll arbeiten, die Maschine anglotzen und nicht den Meister, und er sagt: »Ich immer Capo sehen, auch Traum!«
Ja, ja, und mir soll es gutgehen.
»Ach, guten Abend, Herr Al Tachtal...«
Na ja, woher holt der bloß immer wieder die Frauen. Ein Scheißkerl. Muchamed Achmed Al Achtal, mein Lieber, da bricht einem die Zunge ab, ein Reibeisen im Hals wäre ein Zuckerlecken dagegen. Wozu das Ganze, ich zum Beispiel heiße ganz einfach Hans Herbert... Hans Herbert... ganz leicht... und nicht Achchmed Machchmed.
Glauben Sie, ein einziger Kanake hat bis jetzt meinen Namen richtig ausgesprochen? So dumm sind die Brüder. Der Kameltreiber sagte mir im letzten Jahr,

mein Name sei ihm zu lang. Er würde mich Hansi nennen. Auf arabisch soll das »mein Hans« bedeuten. Um Gottes willen. Ich bin doch nicht schwul!
Aber diesem Kameltreiber habe ich es gezeigt, der kommt her und steckt mir einen stinkenden, zerdrückten Paß entgegen, und ich mache ihn auf. Weißt du, was darin steht?
»Geboren: 1342.« Also stell dir vor, am Anfang dachte ich, das ist eine Fälschung oder der will mich auf den Arm nehmen. Aber nein! Denkste! Das ist mohammedanische Zeit. Ich sage mir, Hans Herbert, nur ruhig Blut, ein Sandfresser kann dich doch nicht aus der Ruhe bringen. Ich frage ihn: »Also wieviel macht es christlich?«
Weißt du, was er sagt? Er glaubt, es sei 1940! Er glaubt es! ... Nicht glauben soll er, sondern belegen soll er, habe ich ihm gesagt. Mein Lieber, das war ein Krach! Aber das war noch nicht mal so schlimm, denn bei Beruf trug er »Schriftsteller« ein. Am Anfang dachte ich, das sei ein Scherz.
»Nicht doch, Herr Achtmal«, sagte ich, »Sie können doch kaum Deutsch und wollen Schriftsteller sein?«
Und was macht er? Er zückt ein Buch aus seiner stinkenden Tasche.
»Hier mein Buch, schöne Errsäluung, 11 Mark 80, für Sie 10,80.«
Also ich muß doch bitten, wir sind hier nicht im Basar. Ich habe ihn weggeschickt. Erst muß er einen or-

dentlichen Beruf nachweisen, dann bekommt er die Aufenthaltserlaubnis, sonst nix ... Schau dir den an, gar keinen Kummer hat er. Wenn ich er wäre, hätt ich mich um eine Stelle gerissen, und was macht er? Mit Weibern herumkutschieren! Ich sage dir, das verdirbt mir die Laune! Was ist das für ein Tag heute, erst verdirbt mir dieser Kümmeltürke den Vormittag, dann dieser Kameltreiber den Abend. Der Kümmeltürke kommt heute morgen so gegen 10 Uhr, er kommt mit seinen zwei Bälgern und seinem Weib, als wäre ein Behördengang ein Ausflug. Sie setzen sich, sie breiten sich aus bei mir, und eine dieser Rotznasen zerrupft schon nach paar Minuten zwei Blätter von meinem Gummibaum und bringt sie mir.
»Daputt«, sagt er.
Der andere Balg schielt auf den Kugelschreiber. Ich komme ihm aber zuvor und nehme den Kuli weg. Da sagt doch dieser Türke: »Kind nix wegnehmen. Yassin brav, nur schipilen, Kind muß.«
»Ja, aber nicht hier in der Behörde, ich bitte Sie!« sage ich.
»Doch, muß«, brüllt der Kanake. »Du Kind haben?« fragt er und haucht mich mit seinem Knoblauchatem an.
»Ja, zwei«, antworte ich, aber bevor ich noch einen Blick in seine Akte werfen kann, haucht er mich gleich wieder an.
»Wie alt?« will er wissen.
Ich antworte nicht, weil das ja zu weit geht. Der

Türke geht zu seinem Weib und holt zwei bunte Schachteln.

»Hier für Kind, türkisch, schmeckt extra prima!« haucht er mich wieder an. Ich habe schon das Gefühl, irgend etwas stimmt nicht mit seinen Papieren, aber die Zeit ist knapp. Ich schüttele den Kopf.

»Hier nix Istanbul! Hier Deutschland! Nix Bakschisch! Verstehen?«

Der Türke wird blaß, und ich suche in den Papieren nach dem Grund der Bestechung, aber ich finde nichts.

Also, ich mußte ihm den Stempel geben. Erst nachmittags hatte ich Zeit und nahm die Mappe noch einmal unter die Lupe, und ich fand raus, weshalb dieser Gauner mich bestechen wollte. Zwei Wochen Verspätung hatte er mit seiner Ummeldung. Das habe ich gleich für nächstes Jahr vorgemerkt.

Mein Lieber, dir geht's gut, aber mir geht's, seitdem ich in diesem Amt bin, nicht mehr gut. Nicht einmal meine Frau versteht mich mehr. Sie sagt, ich rede mit ihr in gebrochenem Deutsch, vor allem, wenn ich wütend bin, das habe ich nun davon!

Herr Müller sprach an diesem Abend immer wieder den Barkeeper an, der hinter der Theke der kleinen Kneipe stand. Aber der Barkeeper hörte nicht zu, ab und zu sagte er »Na ja«, »Ja, ja« oder »Was Sie nicht sagen!« Er war sehr beschäftigt, sein Blick wanderte über die Gläser, er füllte immer wieder nach, stellte neue auf die Theke, kritzelte Striche auf die Bierdeckel. Auch wenn Herr Müller sein Glas geleert hatte, schenkte ihm der Barkeeper das nächste voll, kritzelte einen Strich auf den Bierdeckel und sagte geistesabwesend: »Zum Wohl!«

ARABER ODER GRIECHE, MACHT DOCH NIX

Ich bin nicht verrückt! Du auch nicht, Freund. Deine Geschichte kann kein Verrückter erzählen. Nein! Und wenn hundert Ärzte sagen: »Du bist verrückt!«, glaube ich es nicht.

In einem Röhrenlager in Mannheim habe ich angefangen. Ich war der einzige Ausländer im Betrieb. Fünfunddreißig war ich, noch voller Kraft und Gesundheit, und ich erschrak vor keiner Arbeit.
»Autobahn oder Röhrenlager«, übersetzte mir der junge Student aus Ägypten. »Nein, lieber Lager, im-

merhin ein Dach über dem Kopf. Weißt du, ich habe Rheuma in meiner linken Schulter. Auf der Autobahn zieht es andauernd. Sag dem Beamten aber nichts, sag ihm einfach: Röhrenlager«, und der Student übersetzte. Der Beamte gab mir die Papiere, und ich fuhr in diese Hölle. Ich bin Tischler von Beruf, aber für Tischler gibt's keine Arbeit. Röhren auf- und abladen. Die Waggons kommen auf der einen Seite in die Halle. Wir ziehen sie bis zum Eingang, dann fährt ein Kran heran. Wir springen auf die Waggons, legen die Stahlseile um die Röhren und springen weg. Du mußt so schnell wie möglich abspringen, sonst kann es passieren, daß ein Rohr deine Beine zermalmt. Der Kranführer sitzt oben in seiner Kammer, und die Röhren schweben dahin, je nach Durchmesser werden sie angehäuft. Sobald sie plaziert sind, klettern wir auf die Röhrenpyramide und lösen die Seile ab. Dann wieder nichts wie weg.

Am anderen Ende der Halle fahren Lastwagen, und der Meister läuft mit einem Zettel in der Hand von einer Pyramide zur anderen und macht Striche mit Kreide auf die bestellten Röhren. Wir legen Seile um diese Röhren und rennen zum Laster, um sie darauf zu plazieren, lösen die Seile ab und rennen weg. Und das zwanzig Jahre lang, Tag für Tag, und noch keine Verletzung. Bin ich verrückt?

»Und waren das alles Türken?« fragte der Reporter.
»Nein, es waren Araber, Italiener, Jugoslawen, Türken und weiß der Geier was!« antwortete Detektiv Ziegler und winkte mit der Hand.
»Also nur Ausländer?« fragte der Reporter, und ein Lächeln huschte über sein Gesicht.
»Nein, die meisten waren Deutsche«, antwortete der Detektiv.
»Jugendliche?« fragte der Reporter ungeduldig.
»Nein! Eher Rentner!«
»Aber wer hat es angezettelt?«
»Der Araber!« antwortete Ziegler.
Der Journalist atmete erleichtert auf.

Als ich dort angefangen habe, war ich der erste Ausländer im Betrieb. Später kamen Jugoslawen und Türken dazu, aber am ersten Tag haben mich die Leute angeglotzt, als wäre ich von einem anderen Stern.
»Palästinenser«, sagte ich und fing an, den großen Eingang zu kehren. Ich habe noch nie in meinem Leben gekehrt, aber der Meister drückte mir einen Besen in die Hand und sagte: »Kehren!« – und ich kehrte und verfluchte seine Mutter.
Nach ein paar Stunden kamen die Angestellten von dem flachen Bau neben der Halle, sie standen vor der Tür und staunten mich an, manche lachten, und andere sprachen auf mich ein. Ich habe nicht viel verstanden. Gegen Mittag kam dieser ekelhafte Nazi,

der mich noch jahrelang gequält hat, bis er in Rente ging, er nahm ein dünnes Wasserrohr und richtete es auf mich.

»Terrorist, bum, bum, ratatata!« rief er und lief im Kreis um mich herum. Ich habe nicht verstanden, was er wollte. Ich kehrte weiter, aber er drückte das Rohr in meine Rippen und lallte laut: »Ratatata ... Terrorist!«

Ich hieb auf das Rohr, und er ließ mich in Ruhe.

»Ich verstehe nichts mehr. Der Mann ist verrückt. Er feiert seinen zwanzigsten Jahrestag. Das gibt es doch nicht!« stöhnte der Hausdetektiv und ließ sich auf einen Stuhl fallen.

Ich habe das Essen in der Kantine aufgegeben. Es kam verpackt in Alufolie und sah aus wie Gußeisen. Ob Bohnen oder Kartoffeln, es schmeckte alles gleich Aber das war nicht der Grund. Alle beobachteten mich, während ich aß. Kannst du dir ein Essen unter vierzig Richteraugen vorstellen? Auch wenn du unschuldig bist, fühlst du dich als Angeklagter. Nein, ich gab es nach ein paar Tagen auf und holte mir Salami und zwei Brötchen vom Kiosk vorne an der Straße. Ich setzte mich auf die Röhren und ruhte mich aus. Palästina war mir so nah, denn dort aß ich mein Mittagsbrot auf einem alten Gemäuer, allein. Ich war in meinem ganzen Leben immer allein, aber ich kann mich nicht an die Einsamkeit gewöhnen. An einem

heißen Junimittag etwa vier Jahre später saß ich wie immer alleine herum und aß meine Salami. Es war die Zeit, in der Israel diesen Blitzkrieg gegen die Araber führte. Komisch, ich habe die Niederlage erwartet, und doch war ich traurig. Irgendwo hatte ich doch gehofft, daß die Araber gewinnen. Nun ja, da kam dieser Nazi zu mir. Ich konnte schon sehr gut Deutsch reden, aber dieser Mann hat es nie anerkannt.
»Du Politik?«
Ich dachte, er will mit mir diskutieren. »Ja!« sagte ich.
»Israel, Araber, drei Tag pfutsch. Deutschland, Frankreich, zehn Tag pfutsch. Amerika, Rußland, eine Minute pfutsch.«
Das Wort »pfutsch« begleitete er mit einem Furz aus den Lippen und einer Bewegung mit der flachen Hand, als wolle er irgend jemand den Kopf abhacken.
»Du verstehst doch nichts von der Politik. Mein Volk wird kämpfen«, sagte ich zornig.
»Volk? Was für ein Volk? Israel, ganz Arabien in drei Tag pfutsch.«
Es schien mir, als feierte er den Sieg der Israelis gegen uns, so wie Radio und Fernsehen es seit Tagen getan hatten, und einem Dummkopf kann man nicht die Selbstbestimmung erklären, also ging ich auf seine Politik ein.
»Du recht haben, pfutsch, pfutsch, alles pfutsch. Du! Mein Arschloch gegen dich, gegen dein Kopf, eine Sekunde pfutsch, pfutsch!«

Ich habe so laut gebrüllt, daß der Mann blaß wurde und abhaute. Gott verfluche ihn für all die Qualen, die er mir zugefügt hat.

»Zuerst hab ich gedacht, die Geschäftsleitung hat sich da was ausgedacht ... Ich kann es bis jetzt noch nicht fassen ...« Detektiv Ziegler lächelte bitter. »Ich dachte, das wäre Ihr genialer Einfall in dieser flauen Zeit; ein Werbegag oder so«, fügte er hinzu und schaute dem jungen Abteilungsleiter beschämt in die Augen.

Zwanzig Jahre lang geschuftet und dann mit fünfundfünfzig arbeitslos. Seit zwei Jahren will mich keiner mehr. Wer will schon einen ausgelaugten Menschen beschäftigen?

Von Botschaft zu Botschaft bin ich gerannt. Heimlich, als wäre ich ein Dieb, schlich ich hinein. Weißt du, wenn der israelische Geheimdienst erfährt, daß ich in den arabischen Botschaften war, wird mir auch noch der Besuch in meiner Heimat verboten. Dann kann ich nie wieder nach Nazareth fahren. Gott sei Dank haben sie es nicht erfahren, sonst hätten sie mir den Paß nicht verlängert.
Ich kann dir nicht beschreiben, wie die Hurensöhne in den arabischen Botschaften mich gequält haben.
Woher kommst du? Aus Nazareth? Also aus dem 48. Gebiet? So nennen sie Israel. Du hast einen israelischen Paß! Du darfst nicht einreisen!

Als ob ich den Staat Israel gegründet hätte. Sie führen die Kriege, und wir sind so oder so die Verlierer. Beim Konsul von Kuweit bin ich explodiert.
»Wie behandelst du mich, du Schwein?« schrie ich den elegant angezogenen Herrn an. So ein Wort hat er bestimmt noch nie gehört, dieser feine Lümmel.
»Ihr wollt Palästina befreien? Ihr könnt nicht einmal meinen Arsch befreien. Ihr seid unser Elend. Koreaner und Pakistanis beschäftigt ihr zu Sklavenpreisen, und wir werden an andere zu Sklavenpreisen verkauft, das ist doch der geheime Plan. Ihr vertreibt uns. Jawohl, du vertreibst mich und meine Familie. Du lebst davon, daß wir vertrieben werden ...«
Ich habe noch mehr gesagt, aber zwei kräftige Kerle haben mich geschlagen und aus der Botschaft hinausgeschmissen. Und meine Frau? Sie sagt, ich bemühe mich nicht gut genug um eine Arbeit. Sie vergißt die zwanzig Jahre und erinnert mich dauernd an einen einzigen Tag, an dem ich bis zehn geschlafen habe. Weiß sie überhaupt, wie lange ich im Bett jede Nacht wach bleibe?

»Warum haben Sie nicht gleich zugegriffen?« fragte der Abteilungsleiter und klopfte nervös mit einem Bleistift auf den Tisch.
Detektiv Ziegler schaute ihn verlegen an.
»Ich sagte doch, ich habe am Anfang gedacht, das sei eine Werbeaktion.«

… und mein Herr Söhnchen, der will nur sein Mofa, als ob es nichts Wichtigeres gibt. Den ganzen Tag kutschiert er auf dieser Höllenmaschine durch die Gegend. Sechzehn ist er, und keinerlei Kummer hat er. Von Palästina will er nichts wissen. Ja, Oliven kann er nicht leiden.

»Du bist freiwillig Ausländer geworden. Ich habe es mir nicht ausgesucht«, sagte er zu mir heulend, als die Eltern seiner Freundin ihn hinausgeschmissen hatten. Diese Verbrecher. Wissen sie, was sie an jenem Tag gemacht haben? Er liebt das Mädchen.

Laß mich weinen, lieber Freund. Da draußen läßt man uns nicht. Er war vier Jahre alt, als er aus dem Kindergarten kam.

»Papa, ich will blond sein!« rief er. Damals habe ich nicht verstanden, daß sein wunderschönes schwarzes Haar ihm unter den Kindern zur Plage wurde.

Aber freiwillig? Wer verläßt seine Heimat freiwillig? Ich vielleicht? Da ist mir der Staub von Nazareth lieber als alles Grüne in diesem verdammten Land. Aber wovon sollte ich leben? Für die Liebe zur Heimat gibt dir keiner ein Stück Brot.

»*Entschuldigen Sie bitte, beim letzten Mal hieß es, ich hätte zu früh zugegriffen, und ich mußte mich bei der Kundin entschuldigen*«, stöhnte der Detektiv.

Tagelang habe ich vor dem Radio gesessen und einen arabischen Sender nach dem anderen angepeilt. Während die israelische Armee Beirut bombardierte, spuckten die arabischen Rundfunksender Bauchtanzmusik in alle Welt aus. Sie heulten nicht mehr wie 1967. Aber haben sie damals über Palästina oder ihre zerstörte Illusion geheult? Heute haben die nicht einmal eine Illusion, die sie beweinen können.

Die ganze Nacht heulte ich wegen Sabra und Schatila. Die Bilder der ermordeten Kinder erdrückten meine Brust. Plötzlich kam mein Sohn, und ich dachte, er wird wieder vom Auspuff seines Motorrads reden. Mein Liebster schaute mich mit großen Augen an, rannte zu mir und drückte meinen Kopf an seine Brust. Mein Sohn ist ein großer Prachtkerl, so lang ragt er über mich. Ich hielt ihn fest, und er weinte. Wie schlecht verstehen wir unsere Kinder? Sabra und Schatila haben ihn erschüttert, und er stritt in der Schule mit vielen Lehrern wegen Palästina herum. Mein Leben war doch nicht umsonst.

»Bei mir bestellte er ein Kilo Saftschinken und ein Kilo Paprikasalami, alles in dünnen Scheiben wollte er haben. Er sagte, so schmecken die Dinge besser.«
»Bei mir holte er zwei Kilo Schafskäse, ein Kilo Roquefort, einen halben Tortenbrie.«
»Und bei Ihnen, Frau Neumann?« fragte der Abteilungsleiter.
»Bei mir, ich meine, wenn ich mich recht erinnere, kam er zweimal: Erst wollte er einen ganzen Kasten frische Feigen und fünf Kilo der teuersten Trauben, dann holte er

frische Zwiebeln, zwei Kilo Fleischtomaten, Petersilie und Radieschen.«
»Ja, ist Ihnen denn nicht aufgefallen, daß er immer wieder mit einem leeren Wagen kam?« brüllte der Abteilungsleiter.

Lange habe ich gesucht. Es muß ein Freudenfest werden, dieser 19. März. Vor zwanzig Jahren kam ich her. Ist das nicht Anlaß genug? Die besten Nüsse sind gerade gut genug für meine Freunde, aber welcher Chianti ist der echte? Bestimmt nicht der Zweiliter zu 6,70. Ich nehme lieber die 0,7 Liter zu 11,30. Weißt du, manchmal denke ich, bei solchen Preisen müßte es Goldsaft sein. Für die deutschen Freunde habe ich zwei Kästen Bier – einen Pils und einen Export – und auch Sekt geholt. Meine Frau ist Deutsche, aber sie trinkt kein Bier, und obwohl sie nicht dabei war, dachte ich, für die Frauen ist Sekt besser. Ouzo fand ich erst in der exotischen Ecke.

»Wie konnten sie einen so großen Tisch decken, ohne daß Sie es sahen?« fragte der Abteilungsleiter.
»Es waren mehrere Tische. Sie holten sie von der Möbelabteilung und stellten sie nebeneinander bei der großen Geflügeltiefkühltruhe auf. Da ist viel Platz!« antwortete eine alte Dame.
»Was heißt ›sie‹?«
»Es waren mehrere, die dieser Verrückte anführte!«
»Ausländer?«
»Ja, und Deutsche. Sie holten Teller, Gläser, Schüsseln

und schmückten den Tisch, als wäre es ein Fest«, sagte die alte Dame etwas verwirrt.
»Und wo waren Sie die ganze Zeit?« stöhnte der Leiter dem Detektiv entgegen.
»In der Spielwarenabteilung, da haben einige ungezogene Jungen so lange an einem Teddybären herumgefummelt.«

»Araber?« fragte ich.
»Nein, Grieche!« antwortete mein erster Gast.
»Araber oder Grieche, macht doch nix.«
»Türke? Türke ist gut! Willkommen.«
»Deutsche? Um so schöner, komm näher, feier mit.«
»Ach, ein Fest der Freundschaft. Komm, Onkel, hier das Fleisch ist ganz zart!«
Und dann kamen die Menschen strahlend, lachend feierten wir zusammen.

»Ich habe doch gefragt, aber auch die Deutschen haben mitgegessen und getrunken, und ein alter Rentner sagte mir, die Idee sei genial. Er lud mich zu seinem Fest der Freundschaft ein. Jawohl, seines hat er gesagt. Ich dachte erst, es ist wirklich Ihre Idee, aber als ich die Waren anschaute, den teuersten Sekt, den Saftschinken, die Feigen und Trauben, da wurde ich mißtrauisch. Ich sagte dem Verrückten, der immer wieder Leute zu dem großen Tisch einlud: ›Irgend etwas stimmt hier doch nicht!‹«
»Und was hat er gesagt?« fragte der Abteilungsleiter.
»›Jawohl‹, brüllte der Verrückte, ›einiges stimmt in diesem Leben nicht.‹«

»Seh ich aus wie ein Dieb?« fragte ich den Hausdetektiv. »Hören Sie genau der freundlichen Stimme aus dem Lautsprecher zu. Sie preist die Feigen aus Griechenland und den Käse aus Frankreich an. Es ist wirklich nicht übertrieben. Es schmeckt wirklich köstlich. Hören Sie zu! Verstehen Sie Deutsch? Was hat der Sprecher gesagt? Greifen Sie zu, sagt der Sprecher.«
Der Hausdetektiv verstand nichts, als hätte ich ihm den Koran auf arabisch zitiert.
»Diebstahl«, murmelte er immer wieder. Wir klauen aber nicht. Wir essen. Wo steht im Gesetz, essen sei verboten? Meine Frau versteht das auch nicht, als wäre sie bei dem Detektiv in die Schule gegangen. Sie heulte wegen meinem Staatsangehörigkeitsantrag. Ich pfeife darauf. Wenn ich nicht einmal als Araber in Arabien gelte, soll ich dann etwa Deutscher werden? Ein Paß macht den Menschen nicht aus.
Dieses Medikament schmeckt ekelhaft, fühlst du dich auch so schlaff? Ich soll mehreren die Zähne ausgeschlagen haben. Schlechte Zähne müssen das gewesen sein. Warum ist hier alles so weiß? Die Wände und die Ärzte?
Vielleicht brauchen sie das, um ihre dreckige Seele zu verstecken. Aber warum weint meine Frau? Lachen soll sie wie die zwei Rentner, die mich heute vormittag besucht haben. Jawohl, Schluß mit dem Heulen. Wir heulen ja seit einer Ewigkeit. Lachen, ja, lachen. Ich bin gesund, hört ihr? Ich bin gesund. Hört ihr mein Lachen?

MEHMET

Es war alles vorbereitet: das Bier kaltgestellt, die Wurst- und Käseplatten hübsch mit Salzstangen und Zwiebelringen garniert – der Diaprojektor im Wohnzimmer schon seit Stunden aufgebaut, die Urlaubsbilder schon lange nach Reisestationen geordnet; es sollte ein gemütlicher Abend werden. Obwohl Heinz den Ablauf der Diashow schon x-mal geprobt hatte, war er sehr unsicher. Viertel nach acht war es soweit, die ersten Gäste kamen. Um neun Uhr hielt Heinz die Spannung nicht mehr aus, und er versuchte geschickt, auf seine Urlaubsdias aufmerksam zu machen – und wie das immer so ist, konnte er auch gleich beginnen.

Das erste Bild zeigte die ganze Familie auf dem Frankfurter Flughafen, das zweite, »über den Wolken«, war auf den Kopf gestellt; Heinz entschuldigte sich sofort. Das dritte, »Ankunft Flughafen Istanbul«, Tochter Ramona und Sohn Jens in Großaufnahme.

Die Gastgeberin erklärte, daß Ramona ausgerechnet heute bei einem Architekten eingeladen sei, sie ließe sich entschuldigen.

Die weitere Reihenfolge der Bilder war wie bei jeder Urlaubsvorführung. Überbelichtet, angeblich lustige Szenen, die auch mit vielen Erklärungen die Gäste langweilten.

Spannend waren allerdings die Erzählungen über die »einfachen, gastfreundlichen Menschen« in der Türkei, die sie überall getroffen hatten. Müllers, die auch schon mal in der Türkei waren, konnten dies immer wieder bestätigen. Es war ein fast gelungener Abend.

»Guten Abend«, sagte Ramona, »Entschuldigung, daß wir so spät kommen, aber ich mußte noch auf Mehmet warten, sein Chef ließ ihn mal wieder das ganze Lager alleine aufräumen.«

Mehmet zog verlegen die Schultern hoch, lächelte und sagte: »Ich Chef sagen, heute ich Bilder von Türkei gucken, er nix wollen, er sagen, viel Arbeit, Bilder egal.«

In dem halbdunklen Zimmer konnte niemand sehen, wie Heinz und seine Frau die Gesichtsfarbe wechselten und die Luft anhielten. Es herrschte eine grauenhafte Stille.

»Aber du wolltest doch zu Herrn Schneider gehen, Ramona???« sagte die Mutter.
»Ich? Zu Herrn Schneider? – Ach ja, stimmt. Aber die Feier ist verschoben worden. Habe ich euch doch gesagt. Oder nicht???«
Nun versuchten die Gäste, die peinliche Situation zu überbrücken.
»Das ist aber schön, daß du doch noch gekommen bist. Setz dich doch, Ramona.«
Mehmet merkte sofort, daß er übersehen wurde, setzte sich aber trotzdem.
Heinz versuchte sich zu beherrschen und ging in die Küche. Ganz plötzlich fiel Herrn Müller ein, daß die Kinder nicht zu Hause waren und der arme Hund bestimmt dringend raus mußte; auch die anderen Gäste hatten plötzlich einen armen Hund und eine kranke Großmutter.
Ramona ahnte, was nun kommen würde, nahm den verdutzten Mehmet an die Hand, zog ihn zur Tür und sagte: »Bitte, bitte geh jetzt ganz schnell, ich werde dir morgen alles erklären.«
»Was los? Warum morgen, nix heute??«
Aus der Küche wurde die Stimme des Vaters immer lauter, verzweifelt drehte Ramona sich um und sagte ganz leise: »Bitte geh jetzt, bitte geh!«
Nun könnte man diese Begebenheit unseres langweiligen Alltags mit einem traurigen Ende erwürgen, dann würde diese erbärmliche Geschichte so enden: Mehmet starrte wie betäubt die geschlossene Tür an.

Obwohl es draußen warm war, durchlief ihn eine eisige Kälte, er zitterte am ganzen Körper. Anatolien war plötzlich ganz nah. In seinem Dorf hatten die Leute noch nie einen Gast vor die Tür gesetzt.

Oder, um dem Leser endlich meine Version zu erzählen:

Mehmet geht hinaus, pinkelt durch den Briefkastenschlitz von Heinz' Haustür, atmet erleichtert auf und beschließt für sein Leben, nie eine Frau zur Freundin zu nehmen, die sich seiner schämt und mit ihm am ersten Abend Dias anschauen will.

FUSSBALL NEIN, NAZIS NIEMALS!

Ich hasse Fußball. Das Warum genau zu beantworten, wird mir nie gelingen. Liebe und Haß entziehen sich einer genauen Diagnose. Wenn das nicht so wäre, wären die Psychologen die besten Liebhaber. Sie sind es aber nicht. Mein Opa schlug sich mit den anderen Burschen in seinem Dorf wegen jeder Kleinigkeit, aber er haßte den Krieg und flüchtete vor ihm für vier Jahre in die Berge. Den Kriegshaß habe ich von ihm geerbt, aber wenn ich meinen Opa fragte, ob er Fußball haßte oder liebte, antwortete er, er kenne das Spiel nicht, deshalb könne er es weder hassen noch lieben. Also folgerte ich für mein Leben, daß Kenntnis schon eine Voraussetzung für Haß und vor allem für die Liebe ist.

Diese einfache Erfahrung macht mir Probleme mit meinem deutschen Freund Hans, denn Hans liebt die Ausländer, ohne sie zu kennen. Er versteht es nicht, wenn ich ihm sage: »Jeder Ausländer ist ein Türke, aber das Problem ist kein Türkenproblem. Es ist ein deutsches Problem.«

Nicht, daß Hans schlechte Lehrer gehabt hat, aber wenn er anfängt, die Ausländer zu zählen, macht er einen Rechenfehler, aus den 4,5 Millionen Ausländern werden bei ihm 1,5 Millionen Türken.

»Ich mag dich, weil du anders als die anderen Ausländer bist«, versucht Hans mich oft zu bestechen.

»Jeder ist anders, aber der Fremde ist gleich«, sage ich, und er fühlt sich ertappt; denn Hans hat eine Menge Arbeitskreise über Sozialismus und Emanzipation mitgemacht.

»Mir ist das ja egal, ich bin ja ein Linker, aber die Spießbürger werden durch die vielen bunten Tücher und Gerüche verunsichert. In der Straßenbahn können sie ihre Scheiß-Bild-Zeitung nicht mehr lesen, wenn die ausländischen Kinder so 'nen Krach machen, verstehst du? Ich scheiße drauf, aber unsere Deutschen sind nun mal kleinkariert, und je auffälliger ihr seid, um so mehr Feinde habt ihr.«

»Hans«, sage ich, »die Mathematik ist eine wunder-

bare Lehre. Es stimmt: Sechzig Millionen Deutsche werden durch vier Millionen Ausländer verunsichert. Das heißt, fünfzehn Deutsche müssen die Last eines einzigen Ausländers tragen. Aber jeder von uns trägt auf seinen Schultern fünfzehn Deutsche. Siehst du, was für Nerven wir Ausländer haben?«
Es ist ein Liebesproblem. Wie sonst kann ich es erklären, daß Hans die Nerven verliert, wenn ich ihm sage, die Türken waren 1965 Italiener und wurden 1972, während der Olympischen Spiele, Araber, und sie werden bald Iraner oder Pakistanis ... dann unterbricht er mich und beschwert sich über so viele Metaphern der arabischen Redensart.
Am 26. 10. 1983 fand ein Fußballspiel statt, doch darüber werde ich nicht reden, sondern über ein Fußballspiel, das 1999 stattfinden wird, auch an einem kalten Mittwochabend:
In vielen Städten wurden Flugblätter mit dem Titel »Fußball ja, Nazis nein!« verteilt. Sie waren nicht schlecht. Sie sprachen von der »Borussenfront«, »Zyklon B« und anderen Neonazigruppen. Sie endeten in allen Städten mit der Aufforderung, »zusammen mit den Ausländern einen gemeinsamen Fußballfernsehabend zu verbringen«.

Kuweit spielte gegen die Bundesrepublik in Frankfurt. Ich hatte eine Lesung dort in der Nähe, und so fuhr ich nach der Lesung zu meinem Freund Hans. Ich war müde von dem vielen Reden am Vormittag und hoffte, der Abend bei Hans würde schon was bringen. Hans kocht gut, wenn auch die Küche hinterher wie zerbombt aussieht. Seine Frau hält das nicht aus. Sie nennt das eine Emanzipationsfrage. Ich, wie gesagt, halte es für ein Liebesproblem, denn Hans liebt beim Kochen nur das Ästhetische. Das aber macht nur ein Drittel von dem Ganzen aus, Aufräumen und Spülen die anderen beiden Drittel.

Als Hans die Tür öffnete, bemerkte ich gleich seine Unruhe. Nach anfänglichem Hin- und Herrutschen in seinem Sessel rückte er mit seinem Vorhaben heraus.

»Ich weiß, daß du Fußball nicht magst, aber heute ist es anders, es geht um Solidarität ...«

Er erklärte mir umständlich, daß wir zum deutscharabischen Verein gehen müßten, um unsere Solidarität zum Ausdruck zu bringen, falls die Neonazis den Verein stürmen wollten. Ein sonderbares Lächeln huschte über das Gesicht seiner Frau. Ich wußte nicht, ob sie sich über den nun nicht mehr realisierbaren Braten freute oder über die Linke, die sich nur noch im Fußball austobte. Ich stimmte zu, denn es ging ja um die Verteidigung der Araber, und machte mich mit ihm auf den Weg zum Verein. Seine Frau war konsequenter, sie blieb trotz der Mahnungen ihres Mannes zu Hause. Frauen sind oft konsequenter als Männer.

»Wenn die Neonazis kommen sollten, werden sie die Argumente meiner Fäuste überzeugend zu spüren bekommen, denn das habe ich von meinem Opa gelernt, der Schlägerei nicht auszuweichen, wenn Worte fehl am Platz sind«, dachte ich auf dem Weg zum Verein. Die Straßen von Frankfurt waren wie leergefegt, und wären die grellen Reklamelichter nicht gewesen, hätte ich gedacht, es sei Krieg, aber ich weiß auch nicht, ob man in den kommenden Kriegen noch Zeit dafür haben wird, die Laternen und Fenster zu verdunkeln.

Die Tür des Vereins war geschlossen. Hans drückte auf die kleine Klingel. Ein schmächtiger, bärtiger Mann öffnete die Tür einen Spalt, schaute uns mißtrauisch an, dann aber lächelte er, da er Hans erkannte. Eine Gebärde, die mich an die geheimen Treffen der illegalen Parteien in meinem Land erinnerte. Einige Leute standen im kleinen Vorraum, meine beschlagene Brille mußte ich abnehmen, damit ich die Organisatoren begrüßen konnte, die erleichtert und erfreut Hans entgegenlächelten. Der große Raum hinter ihnen war brechend voll, über sechzig Leute saßen neben- und übereinander und verfolgten den Anfang des Spiels. In dem kleinen Raum daneben standen einige an der Theke. Eine ältere Frau reichte Kaffee, Tee und Bier und bot ihre reichlich und köstlich vorbereiteten Falafeln, Hummus und Kebab an.

Hans pferchte sich zwischen zwei Araber, die er kannte, und ich schlängelte mich zur Theke im Nebenraum durch und bestellte meinen ersten Kaffee.

»Tooorr!!« Der Aufschrei riß meinen Nachbarn hoch, und er stieß mich begeistert in die Nieren und goß mir seinen heißen Tee über meine Hose.

»Wir haben einen Tor geschießen«, rief der Iraker laut.

»Nicht geschießen, sondern geschossen sagt man«, korrigierte ihn sein dicklicher Nachbar, dem Akzent nach ein Schwabe.

»Wieso nicht«, empörte sich der Iraker, »laufen gelaufen, rufen gerufen, fallen gefallen und schießen geschießen!«

»Nein, schießen, schoß, geschossen!« brummte der Schwabe.

»Buuuh!«

»Das gibt's doch nicht!«

»Diese Schweine!«

»Was heißt hier Abseits! Der Schiedsrichter gehört vom Platz gestellt!«

»So ein Armleuchter! Das war eindeutig ein Tor! So ein verdammter Armleuchter!!!«

Mein irakischer Nachbar fiel in sich zusammen, als wäre er ein prall gefüllter Ballon, den eine kleine spitze Nadel getroffen hatte.

»Ich wußte es! Diese Imperialisten können nicht verkraften, daß ein Land der Dritten Welt gewinnt.« Er schüttelte enttäuscht den Kopf.

Hans tauchte auf, schaute mich triumphierend an.

»Na ja, das war ganz klar ein Abseits. Die haben wohl noch nie was von einer Abseitsfalle gehört und sind auch noch so dumm und laufen rein. Ein Bier bitte«, sagte er zu der verwirrten alten Frau.

»Hoffentlich gibt es keine Schlägerei!« stöhnte sie und reichte Hans sein Bier.

»Ja!! Toorr! Tooorr!!« wurde Hans empfangen, als er wieder den großen Raum betrat. Er nahm einen kräftigen Schluck aus dem Glas, stieß frohlockend seine geballte Faust zur Decke, und ich wußte, wer geschossen hatte.

»Die können doch nicht spielen, die haben ja keine Ahnung. Scheißkerle sind das, bestochen hat man die Richter, genau wie damals die Österreicher kassierten, damit die Algerier hinausgeworfen wurden«, schrie mein irakischer Nachbar ungehalten.

Mohammed, ein tunesischer Freund, sprach beruhigend auf den Mann ein.

»Das ist doch nur ein Spiel, wichtiger ist das Zusammenhalten, ist doch scheißegal, wer gewinnt ...«

»... wem erzählst du das! Wir sind solidarisch, aber schau dir doch die Gesichter an, siehst du nicht, wie sie sich über uns lustig machen? Das sind doch alles Kolonialisten.«

»Aber ...«, wollte Mohammed widersprechen, aber ein empörter Aufschrei erstickte seine Stimme.

Ein deutscher Spieler sollte den kuweitischen Rechtsaußen mit einem gemeinen Tritt zur Strecke gebracht haben.

»Das gibt's doch nicht, dem gehört die rote Karte!!«

»Das war ganz klar ein Foul, ein ganz gemeines!«

»Sie wollen uns wohl umbringen ...«, rief ein kleiner Araber, der an der Tür stand.
»Das ist doch ein Schauspieler, schaut, er rennt schon wieder wie ein Hase«, widersprach ein großer Blonder und winkte mit der Hand ab.

Wie wäre es, dachte ich, wenn wir mit zehn Mann in ein Stadion gehen würden. Es müßte ein internationales Spiel sein und ein brechend volles Stadion. Wir schleichen uns an den Mann heran, der die Bälle aufbewahrt, überwältigen ihn, sperren die Kicker ein und gehen ruhigen Schrittes zur Mitte des Fußballfeldes. Einer müßte die Sprechanlage übernehmen.
»Meine Damen und Herren. Wir freuen uns, daß Sie so zahlreich erschienen sind. Schauen Sie auf das Feld. Sehen Sie diese Mannschaft? Das sind zehn Freunde und zehn Nationalitäten. In der Mitte, das ist Kostas, ein Grieche.«
Kostas tritt einen Schritt nach vorne und hebt grüßend die Hand. Das ahnungslose Publikum jubelt ihm zu.
»Rechts neben ihm ist Mehmet aus der Türkei, Joachim aus der Bundesrepublik, dann Gino aus Italien, José aus Spanien, Mustafa aus Palästina. Links von Kostas steht Milovan aus Jugoslawien, Leila aus dem Libanon, Katherina aus Portugal, Ahmad aus Pakistan, und am Ende steht Hassan aus dem Senegal. Meine Freunde werden Ihnen spannende Texte vortragen ...«

An dieser Stelle bricht die Empörung aus, und einige Schlägergruppen springen von ihren Plätzen.

»Keine Aufregung! Wenn auch nur ein Zuschauer seinen Fuß auf den Rasen setzt, werden meine Freunde die Fußbälle aufschlitzen.«

Die Freunde auf dem Rasen zücken ihre scharfen Messer und richten sie auf die Bälle, die sie in der linken Hand halten. Totenstille herrscht im Stadion.

»So ist es vernünftig, denn weit und breit gibt's keine Bälle mehr. In diesen Augenblicken werden die Sportgeschäfte, die kleinen und großen Fußballvereine ihre Bälle los. Organisation und Perfektion haben wir gelernt. Meine Damen und Herren, auch Sie, Herr Bürgermeister, werden doch einsehen, daß eine literarische Stunde wohltut, und dann werden Sie Ihr heißgeliebtes Spiel genießen können.«

In dem Augenblick bricht ein kräftiger Mann im schwarzen Lederanzug durch und rennt mit einer Kette bewaffnet auf die Freunde zu. Kostas schreitet ihm entgegen, hebt den Ball hoch und schlitzt ihn in zwei Teile, wirft die Lederfetzen auf den Boden und kehrt zu den anderen zurück. Der Mann schwingt jetzt die Kette nicht mehr, sondern zieht sie hinter sich her und verlangsamt seine Schritte, als Gino einen Schritt vorwärts macht und seinen Ball aufschlitzt. Das Publikum stöhnt laut, als wäre das Messer zwischen seine eigenen Rippen gedrungen, und der Mann bleibt wie angewurzelt stehen.

»Zurück! Zurück!« gellen die Rufe aus dem Publikum, und der Mann zieht langsam ab.
»Und nun hören Sie ein Märchen aus dem Libanon, vorgetragen von der Kollegin Leila ...«
Aber angenommen, dieser Traum eines jeden Schriftstellers würde wahr, wie kämen die Kollegen und Kolleginnen wieder heil aus dem Stadion raus ...?
Der Auszug müßte genauestens geplant werden, sonst hätten sie zum letztenmal Literatur aktiv vorgetragen. Strafe! Welche denn?! Es gibt doch keinen Paragraphen gegen das Aufschlitzen von Bällen oder die Entführung von 100 000 Zuschauern.

»Scheißzuschauer!« weckte mich aus meiner Traumreise der Aufschrei meines geschlagenen Nachbarn. 3:0 stand es inzwischen.
»Ihr habt doch überhaupt keine Ahnung, wie man Fußball spielt!« rief ihm ein aufgebrachter Deutscher zu. »Hier muß man ackern und nicht einfach ein Loch in den Boden bohren und Erdöl zapfen!«
»Ich werd dir gleich in den Hintern bohren! Du Schweinefresser, du!«
Mohammed hielt mühsam den Iraker fest, während einige andere den Deutschen zurückhielten.
»Komm raus, du Feigling!« rief der Iraker, als ich Mohammed zu Hilfe eilte.
»Der spinnt doch, seit einer halben Stunde sucht er jetzt schon Streit. Man muß doch auch verlieren können!« empörte sich der Deutsche.

Auch in dem großen Raum brach Streit aus zwischen einem Palästinenser und einem Polen, der zu den Deutschen hielt.

»Arschkriecher!« hörte ich den Palästinenser rufen.

»Terrorist!« rief der andere. Auch da hielten Freunde die beiden voneinander ab.

6:0 endete das Spiel, und es vergingen nicht einmal zehn Minuten, bis die Versammelten das Haus verlassen hatten. Hans, ich, Mohammed und einige wenige blieben etwas länger. Wir sprachen kaum über das Spiel, als wäre es den anderen genauso peinlich wie mir.

Aber das zufriedene Lächeln von Hans ging mir auf die Nerven. Keine Spur mehr von der Unruhe, die dieser Scheißkerl vor dem Spiel gehabt hatte.

DIE VERTEIDIGUNGSREDE
Akte: Rotkäppchen

Verehrte Geschworene, Exzellenz, meine Damen und Herren!

Das Hohe Gericht hat in seiner großen Gnade mir gestattet, mich gegen die Klägerin Rotkäppchen und das Heer ihrer Propagandisten zu verteidigen. Ich lehne jedoch jede Verteidigung ab und möchte höflichst Ihre Aufmerksamkeit auf die wahre Geschichte lenken und die Klägerin anklagen. Ich erhoffe mir nicht Ihre Gnade, sondern Ihr gerechtes Urteil, und sollte es mir verwehrt bleiben, so wird die Geschichte mich rehabilitieren.

Das Verhängnis nahm seinen unsäglichen Anfang in der Pfalz. Dort stand ein Altersheim. Nicht selten warfen die alten Frauen und Männer ihr Essen zum Fenster hinaus. Ein willkommener Schmaus für Schweine. Mit Brot und alten Keksen fütterten die Alten Tauben und Hasen. Manchmal aus purer Langeweile. Ein Paradies war das für mich. Die Hasen waren so fett und träge, daß ich sie einfach so beim Spazierengehen vom Straßenrand aufsammeln konnte. Mancher Hase hatte noch nie einen Wolf gesehen und hielt mich für einen vierbeinigen Bewohner des Altersheims. Gutgläubige Hasen sind des Wolfes Glück.

An jenem Tag tauchte plötzlich dieses Weib auf. Eine junge Wölfin mit einem wunderschönen Fell – Junge, Junge. Ich machte ihr den Hof, lud sie in meine Höhle ein und legte ihr schon am Vormittag zwei große Hasen zu Füßen. Das hatte Wirkung. Ich leckte ihr Schnauze und Hals. Sie war willig. Mein Gott, auch heute noch, wenn ich daran denke, wird mir warm ums Herz und anderswo.

Plötzlich hörte ich eine gräßliche Stimme: »Oooh, was für große Ohren du hast!«

Ich schreckte auf und sah ein dickes Mädchen mit einem Korb. Ein billiger Sandkuchen lag darin, eine Flasche Rotwein und ein paar Wiesenblümchen. Ein Korb wie tausend andere, die man verpackt im nahen Supermarkt als Dauersonderangebot finden konnte. Die Großmütter und Großväter taten so, als würden sie sich darüber freuen. Den Kuchen warfen sie den

Hasen und Tauben vor, die Blümchen in die Mülltonne, und den Wein schenkten sie dem Pförtner, einem Geizkragen, der ihn kistenweise dem Supermarkt zurückverkaufte.

»Oooh, was für große Ohren du hast!« säuselte das kleine dickliche Biest noch einmal, und sein Speichel tröpfelte auf meine linke Pfote. Ekelhaft! So nah war es uns auf den Pelz gerückt.

Verehrte Geschworene, Exzellenz! Stellen Sie sich vor, ein Wolf schlabbert über Ihrem Bett, während sie Ihre Freundin, Frau oder weiß Gott wen im Arm halten und kurz davor sind, das Paradies der Sinne zu erobern!

Die Wölfin fing an zu lachen. »Tatsächlich, deine Ohren sind besonders groß und schlapp«, bestätigte sie.

Ich flüsterte der Wölfin zu, wir sollten uns lieber hinter einen Busch verkriechen, dann würde ich ihr erzählen, welchen Nutzen große Ohren bei Wölfen haben. Sie war eine junge Wölfin, verspielt und unbekümmert. Sie willigte neugierig ein, und wir zogen uns leise zurück.

Ich hatte ihr aber noch nicht zu Ende erzählt, wie wichtig Ohren für die Jagd sind, als es über unseren Köpfen donnerte: »Oooh, was für eine große Nase du hast!«

Junge, Junge. Die Wölfin wälzte sich vor Lachen. »Tatsächlich!« rief sie und lachte. »Deine Nase sieht wie eine alte Gurke aus.«

Ich knurrte das lästige Mädchen an, es solle uns in Ruhe lassen, und verkroch mich mit der Wölfin hinter einen weit entfernten, kaum zugänglichen Brombeerstrauch.

Es dauerte eine Weile, bis sich die junge Wölfin vom Lachen erholt hatte und ich meine Liebkosungen fortsetzen konnte, aber plötzlich hing das gräßliche Ding wieder über uns wie eine schwere Unwetterwolke und fauchte in den Strauch hinein: »Oooh, was für dreckige große Pfoten du hast!«

Mir schien, das lästige Mädchen füllte nicht nur den Wald, sondern auch die Luft, die ich atmete.

»Das Mädchen hat recht«, sagte die Wölfin und rümpfte die Nase, »du könntest dich mal waschen. Du stinkst ja nach Hasendreck. Hast du noch nie eine Freundin gehabt?«

Exzellenz, da traf sie bei mir eine offene Wunde, denn in diesem Schlaraffenland hatte ich unzählige Hasen, aber keine Freundin. Die Wölfin verlor die Lust und machte sich davon. Wölfinnen sind kurzatmig. Sie wollen nur das Jetzt genießen.

Also suchte ich diese verfluchte Rotznase, und da sah ich sie vor einem Fuchsloch knien. Sie rief gerade hinein: »Oooh, was für einen dreckigen Pelz du hast!«

Ich sah rot, und obwohl ich Füchse nicht ausstehen konnte, bekam ich an jenem Tag Mitleid mit Meister Reineke.

Ich knurrte sie an, aber statt wegzulaufen, lachte sie

mich aus: »Ist dir die Wölfin weggelaufen? – Oooh, warum hast du so ein großes Maul?«

»Um dich loszuwerden«, antwortete ich und biß sie in die rechte Hinterbacke.

Sie erschrak, rannte los und fing an zu schreien: »Oma! Der Wolf hat mich gefressen! Oma! Der Wolf hat mich gefressen!«

Die alten Leute sonnten sich gerade auf der Terrasse des Altersheims. Viele hatten an diesem Tag Besuch von ihren Enkelkindern. Sie saßen mit ihnen an den Tischen, auf denen überall die gleichen Körbe mit den gleichen Kuchen, Blümchen und Weinflaschen standen. Und als das kleine Biest zwischen den Tischen herumrannte und schrie, lachten die Alten nur.

Nun war aber die Großmutter des Mädchens zwei Tage zuvor mit dem jungen Koch durchgebrannt. Exzellenz, ich kannte die Oma gut. Eine lebenslustige Frau. Sie wollte nicht die ganze Zeit nur auf den Tod und den Sandkuchen warten.

Kurzum, das Mädchen rannte auf dem Platz vor dem Altersheim im Kreis und kreischte: »Hilfe! Der Wolf hat mich gefressen! Hilfe! Der Wolf hat mich gefressen!«

»Was?!« schrie ein Jäger. »Hat der Wolf schon wieder zugeschlagen?! Er hat doch gerade erst deine Oma vernascht. Auf geht's. Ich werde den bösen Kerl töten und die Oma zurückbringen!« Er rannte los und fing sofort an herumzuballern. Ein unangenehmer Aufschneider. Er war oft betrunken und schoß im Wald herum.

Hohes Gericht, warum hätte ich die Oma fressen sollen? Ihr Fleisch war bestimmt zäh, und überhaupt habe ich diese Alten immer gemocht. Sie fütterten die Hasen zu fetten, weichen Leckerbissen und servierten sie mir, als wären sie meine braven Diener.

Langsam vergingen die Stunden, und ich zitterte bei jedem Schuß, den dieser Angeber abfeuerte.

Plötzlich wurde es ruhig. Ich hörte ganz in der Nähe die Großmutter schluchzen: »Laß mich doch, ich will nicht zurück! Laß mich los!«

Ich schlich aus der Höhle und sah, wie die Großmutter vom Jäger weggezogen wurde. Der hatte den jungen Koch weggejagt und brachte die Großmutter gegen ihren Willen ins Altersheim zurück. Und genau wie die junge Wölfin mich, so ließ der feige Liebhaber die verliebte alte Frau im Stich. Der Jäger aber blies sich auf: »Ich habe den Wolf aufgeschlitzt und die Oma befreit.«

Ach, verehrte Geschworene, war das ein Theater. Rotkäppchen schrie aber immer weiter, bis der Jäger ihm eine Kopfnuß gab und laut rief: »Ich befreie dich hiermit auch aus dem Bauch des Wolfes!« Da wurde das schwachsinnige Biest still.

Die Großmutter schickte es zu seinen Eltern und rief ihm nach: »Sag deiner Mama, der Arzt hat mir den Sandkuchen verboten! Sie soll nächstes Mal lieber zwei Flaschen Rotwein mitschicken, aber bitte nicht diesen Fusel vom Supermarkt.«

Rotkäppchen aber erzählte ihren Eltern, wie der Jäger die Großmutter und es selbst aus meinem Bauch befreit hätte, und die einfältigen Eltern glaubten die Geschichte und erzählten sie weiter, und immer wenn eine Großmutter verschwindet, müssen viele Wölfe dran glauben, weil die Zweibeiner sie aufschlitzen und ihre Großmutter dort suchen, als wären unsere Bäuche Altersheime.

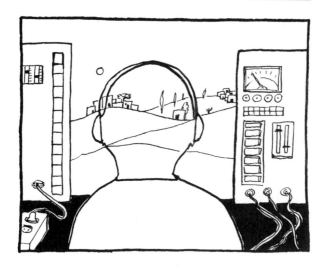

ANDALUSIEN LIEGT VOR DER TÜR

Das Feuer schlug aus dem kleinen Fenster der Dachwohnung. Die Bewohner des Hauses rannten hinaus, Nachbarn strömten auf die Spelzenstraße, andere beobachteten die lodernden Flammen aus ihren Wohnungen gegenüber dem brennenden Haus Nr. 34.
»Die Feuerwehr läßt sich aber Zeit«, stöhnte der Rentner Johann, dessen Wohnung unmittelbar unter dem Brandherd lag.
»Sie kommen ja schon«, beruhigte ihn seine Frau, als sie das Martinshorn hörte.
»Um Gottes willen, was ist passiert?« flüsterte Frau Müller vom Erdgeschoß.

Die kleine Menschenmenge blickte gespannt auf die Treppe. Ramón trug den blutenden Juan herunter und ging auf die Leute zu.

»Macht Platz!« rief Johann der Menge zu, und sie rückten zusammen, so daß ein kleiner Platz auf dem Flur frei wurde. Ramóns Augen waren rot, Tränen flossen über sein starres Gesicht, er ging in die Knie und legte Juan vorsichtig auf den Boden.

»Hol doch eine Decke«, bat Frau Müller ihren Mann, der sofort in die Wohnung eilte und mit einer Steppdecke zurückkam. Sie bedeckten den blutenden Juan damit und legten ihn auf die Seite. Sein weißes Hemd war auf dem Rücken mit Blut getränkt, das aus einer klaffenden Wunde am Hinterkopf strömte. Juan öffnete die Augen, röchelte irgend etwas Unverständliches, dann zitterte er mehrmals heftig und lag plötzlich regungslos da. Herr Müller kniete neben Juan, tastete dessen Hals ab, legte sein Ohr dicht an Juans Brust und stand dann langsam auf. Sein Gesicht war blaß.

»Er ist, glaube ich, tot.«

»Tot?!« schrie Ramón und kniete sich vor Juan, berührte ihn an der Schulter und sprach ihn auf spanisch an. Es hörte sich an wie ein Flehen, dann zog er Juan an sich und schrie wie ein Wahnsinniger. Der alte Johann packte Ramón an den Armen und half ihm aufzustehen.

»Wie ist das passiert?« fragte er, während Ramón mit schweren Schritten auf die Treppe zuging und sich hinsetzte.

Feuerwehrmänner rannten jetzt die Treppen hoch, das Blaulicht des Löschzugs beleuchtete aufblitzend immer wieder die versteinerten Gesichter der Nachbarn und ließ sie leichenblaß erscheinen. Einer der Feuerwehrmänner fragte hastig, ob noch jemand in der Wohnung sei, ein anderer zog an dem ausgerollten Schlauch. Ein kleiner, älterer Mann näherte sich der Menschentraube um den toten Juan.
»Haben Sie die Ambulanz verständigt?« fragte er.
»Ja, haben wir schon«, antwortete der alte Johann.
Ein Streifenwagen hielt an, die Schaulustigen versperrten die Tür, nur mühsam machte sich ein Polizist den Weg zum Flur frei, ein anderer versuchte, die Menschen nach Hause zu schicken.
»Kennen Sie Verwandte oder Bekannte des Toten?«
»Ja, das ist sein Freund, dahinten auf der Treppe.«
Der Polizist ging auf Ramón zu, der von Johann gestützt auf der untersten Stufe kauerte.

Die Nachbarn wußten nicht viel von Juan, obwohl er seit mehr als zehn Jahren in dieser Dachwohnung lebte. Er sprach wenig mit ihnen, und wenn sie ihm auf der Treppe begegneten, grüßte er leise und ging weiter.
Nur das Rentnerehepaar Johann und seine Frau Gudrun, die in der kleinen Wohnung unter ihm lebten, kannten ihn näher. Sie fanden Juan hilfsbereit, bei ihm brauchten sie sich ihrer Armut nicht zu schämen. Er reparierte ihnen öfter das alte Radio und

schenkte dem Paar zu Weihnachten ein Fernsehgerät, das er aus verschiedenen Teilen zusammengebaut hatte. »Dieses Gerät ist besser als alle Geräte im Haus«, sagte die alte Gudrun immer wieder und betonte stolz: »Sogar Hessen kriegen wir so klar wie das erste Programm.« Johann fand mit der Zeit auch Gefallen an der lauten Gitarrenmusik, die Juan jeden Tag hörte, nur Gudrun fand dieses Geklimper etwas aufdringlich.

Niemand wußte, wie alt dieser kleine, hagere Spanier war, der immer schnellen Schrittes ging, als hätte er es eilig, und dies, obschon er seit seinem 15. Lebensjahr ununterbrochen arbeitete. Zuerst in Granada in einem alten Radiogeschäft, und als das pleite gegangen war, mußte er Andalusien verlassen. Danach zog er erst nach Madrid, dann nach Barcelona, wo er fünf Jahre lang in einer Elektrofirma arbeitete. Er verdiente dort wenig, aber konnte seiner Mutter und den drei Schwestern in Granada etwas Geld schicken.

»Heiraten? Wozu? Ich habe doch eine Familie«, sagte er immer, wenn die Verwandten auf sein einsames Leben anspielten. Seine Mutter verstand nie, weshalb ihr gesunder Sohn nicht heiraten wollte, aber Juan beruhigte sie: »Wenn María und Lucía heiraten, werde ich dich und meine Schwester Carmen zu mir holen, ich werde heiraten, und meine Frau wird für dich kochen.«

Carmen war gelähmt und brauchte viel Zuwendung.

»Der Arme! Er büßt sein ganzes Leben«, erzählte

Juans Mutter immer wieder den Verwandten, denn sie empfand sich als eine schwere Last für Juan.

Die Elektrofirma war Anfang der sechziger Jahre in einer Krise und mußte viele Arbeiter entlassen. Juan war unter ihnen, und so wanderte er wie viele seiner Landsleute in die Bundesrepublik aus. Er hatte jedoch Glück wie nur wenige, denn sofort fand er in Mannheim eine Stelle als Elektrotechniker in der Reparaturabteilung einer großen Computerfirrna. Juan lernte fleißig Deutsch und verbesserte sein technisches Wissen durch fieberhaftes Lesen. Er genoß nach kurzer Zeit einen guten Ruf in der Firma, und die Mitarbeiter sprachen stolz von »ihrem« Ausländer. Sein Verdienst war nicht schlecht, und so konnte er aus Deutschland der Mutter, die nun nach der Heirat der beiden Töchter mit ihrer dritten, leidenden Tochter in einem kleinen Haus lebte, sehr viel Geld schicken.

Juan las viel, insbesondere Biographien der großen Erfinder, nach denen er überall suchte, und er schreckte nicht einmal vor einem Preis von achtzig Mark zurück, wenn es sich um ein vergriffenes Buch handelte, das er schließlich im Antiquariat finden konnte.

Oft träumte er von Zwiegesprächen mit Edison und erzählte seinem besten Freund Ramón, einem Chemielaboranten, und Francisco, dem Automechaniker – beide ebenfalls aus Andalusien – seine Träume. Die machten sich aber lustig über ihn. »Von einem alten Knacker zu träumen! Du bist wohl schwul, hä?« hänselte ihn Francisco. »Also wenn ich träume, dann weißt du schon wovon«, schloß er, indem er mit den Händen vielsagend gestikulierte.

Eines Tages las Juan während der Mittagspause in einer Zeitung: »... daß Einstein eigentlich viel mehr wußte, als er offiziell zugab. Verbittert durch die Erfahrung mit der Atombombe, verschwieg er vieles und nahm es mit ins Grab.«

Als Juan das erzählte, winkte Francisco ironisch – wie immer – ab: »Das ist Unsinn«, sagte er und starrte in sein Weinglas, »denn ich sehe nicht ein, weshalb einer sein großes Wissen verbergen sollte, er müßte ja verrückt sein.«

Juan nahm einen kräftigen Schluck aus seinem Bierglas: »Vielleicht hatte Einstein Gewissensbisse.« Dann schaute er Ramón an: »Da kann Francisco quatschen, wie er will, wer an einer Atombombe bastelt, ist mitverantwortlich.«

Es war ein Uhr morgens, als die Freunde sich trennten. Juan konnte kaum schlafen, immer wieder machte er das Licht an, zündete eine Zigarette an und dachte an die erregte Unterhaltung über die Erfindungen.

Die ganze Nacht hindurch grübelte er. Es ärgerte ihn, daß Francisco ihn mit seiner Ironie in die Enge getrieben hatte.

»Was soll noch Großartiges erfunden werden, alles ist bereits da, du kannst von hier aus mit Japan sprechen, kapierst du!« hatte Francisco gesagt.

Und Juan hatte verzweifelt entgegnet: »Aber an die Emigranten hat noch keines der Arschlöcher gedacht!«

Francisco war nicht mehr zu halten gewesen und hatte schallend gelacht: »Ja, eine Pille gegen die Sehnsucht, was? Wie wäre es? Ein Schluck, und deine Leiden sind weg, Andalusien liegt bei dir im Bett!« Dann hatte er sich Ramón mit lauter Stimme zugewandt: »Das ist etwas für dich, vielleicht bekommst du eine Prämie, wenn du es deinem Chef sagst. Deine Firma soll eine Pille gegen das Heimweh machen, und sie hat allein hier vier Millionen Kunden, vier Millionen Süchtige!«

Auch Ramón, der Juan sonst meistens unterstützte, war an diesem Abend auf Franciscos Seite: »Mein Chef sagt, es gäbe siebzehn gleiche Mittel für Kopfschmerzen auf dem Markt, was Neues wird es nicht geben. Nein, Andalusien wird nicht durch eine Pille herbeigeholt, auch nicht durch Bulldozer, Andalusien rückt immer weiter weg.«

Bei dieser Erinnerung hielt Juan eine kurze Weile inne: »Warum eigentlich nicht?« Er zündete sich noch eine Zigarette an und ging zum kleinen Fenster. »Warum sollte eine gute Maschine Wünsche nicht ablesen können und fühlbar machen?«

Diese Nacht dauerte lange, und der Morgen brach an, ohne daß Juan geschlafen hatte. Am Fenster stehend beobachtete er die Morgendämmerung. Seine Augen sahen müde aus, aber sie funkelten unheimlich. Er machte einen Kreis um das Datum auf dem Wandkalender: 2. März 1976.

Abteilungsleiter Becker machte Augen, als der arbeitswillige Juan die selbstverständlichste Sache der Welt ablehnte: »Keine Überstunden mehr.«
Becker, ein leise sprechender Norddeutscher, versuchte die Interessen der Firma, die der Kunden und die von Juan geschickt auf einen Nenner zu bringen.
Aber Juan, der am Fenster die Schneeflocken beobachtete, ging nicht darauf ein: »Geld ist nicht alles, ich will ja auch leben.«
Als erfahrener Mann hütete Becker sich, dem sensiblen, genialen Mitarbeiter, der dem Namen der Firma durch seine präzise, gewissenhafte Arbeit Ehre machte, irgend etwas Unfreundliches zu sagen: »Wie Sie möchten, Herr Almerada«, sagte er in höflichem Ton und verschwand in seinem Zimmer, in der Hoffnung, die Liebschaft, die die Arbeitsmoral von Juan beeinträchtigte, würde sich bald abkühlen.
Juan erzählte seinen beiden Freunden nur knapp, er arbeite an einer Maschine, mehr wolle er dazu nicht sagen. Ramón half ihm, das Bett und den Kleiderschrank aus dem kleinen in den großen Raum zu transportieren. Von da an sprach Juan von seinem »Labor«, wenn er den kleinen Raum erwähnte, während er den großen Raum weiterhin »meine Werkstatt« nannte.
Manche Freunde, die davon Wind bekamen, hielten

Juan für einen Verrückten, andere für ein Genie, aber alle hatten Achtung vor ihm, denn er hatte – und dies seit zehn Jahren – ihre Sperrmüll-Radios und -Fernsehgeräte, ja, alles Elektrische, was die Hochhäuser ausspuckten, umsonst repariert. Juan genügten die dankbaren Worte des Türken Taifun als Lohn: »Wir bringen Schrott, und du uns geben Gerät.«
Nur selten winkte der geduldige Andalusier nach eingehender Prüfung des Schrottes ab, wenn nichts mehr zu machen war. Ansonsten sah er sich das Gerät lange an, hob dann seinen Kopf und sagte: »Du brauchst einen Kondensator für 4 Mark 50 und einen Fokusstab für 42 Mark, das andere besorge ich dir aus meiner Werkstatt.« Die Werkstatt mit ihren zwei Fenstern, die einen bescheidenen Blick über die Dächer boten, war vollgestopft mit alten Fernsehern, Radios, Teilen von ausgenommenen Geräten und Drähten, aber Juan hatte einen genauen Überblick im Chaos seiner Werkstatt.

Juan genoß es, am Arbeitstisch unter dem grellen Licht der Tischlampe zu arbeiten, während das Zimmer sonst dunkel blieb. Die Geräte, das Bett und der kleine Eßtisch bekamen weiche Konturen im gedämpften Licht, während die Ecken des Raumes in der Dunkelheit verborgen blieben. Er fühlte sich wie ein Dichter vor einem begeisterten anonymen Publikum.
Als Taifun das Bett am Fenster der Werkstatt sah, fragte er: »Nix andre Simmer schilafen? Warum?«

Juan antwortete, ohne vom kaputten Kassettenrecorder aufzuschauen: »Das ist mein Labor.«

»Ach so, ja, ja«, entgegnete Taifun, ohne das Wort Labor verstanden zu haben. Auf die Anfrage des Katalanen Miguel fügte Juan hinzu, als dieser mit dem Labor nichts anzufangen wußte: »Und hier schlafe ich gerne mitten in dieser Landschaft.« Seine Landschaft bestand aus drei kleinen Bäumchen, die nicht größer als eine Zigarette waren, mitten in großen Blumentöpfen. Aber Juan war stolz auf seine Orangenbäume, die er aus Kernen großgezogen hatte und deren Blätter er jede Woche zählte.

Als Taifun im September sein altes Radio vorbeibringen wollte, damit Juan »hinai gucke«, lehnte dieser freundlich ab. Taifun war verdutzt. Er dachte daran, daß Juan in letzter Zeit ja immer wieder Reparaturen von entfernten Bekannten ablehnte – doch er zählte sich zu seinen besten Freunden.

»Du bist wirklich mein Freund«, beruhigte Juan den aufgeregten Taifun, »aber ich habe keine Zeit mehr.«

»Ach so, ja, ja«, erwiderte Taifun, aber er war nicht ganz überzeugt.

Immer seltener kam Juan in die Bahnhofskneipe und wenn, dann nur am Samstagabend. Er saß da und hörte gerne dem zu, was die anderen erzählten. Wenn seine Freunde nicht vom Automarkt oder schönen Frauen sprachen, dann schwärmten sie von der Heimat. Je mehr Bier in sie hineinfloß, desto mehr kam die Heimat heraus über ihre schweren

Zungen, und mancher Gastarbeiter, der mit seinem strengen Blick einer bewaffneten Horde standgehalten hätte, wischte eine Träne ab, wenn über Andalusien, Sizilien oder Anatolien erzählt wurde. Ein Hauch von Schwermut schwebte über dem Bierdunst und dem schweren Zigarettenrauch. Juan genoß es, er wußte, daß er auf dem richtigen Weg war.

Die Jahre vergingen, und Juan steckte jede freie Minute seiner Abende und Wochenenden in die Maschine.

Der kleine Raum, in dem Juan sich bis zur Erschöpfung aufhielt, bot ein Gegenbild zur Werkstatt, peinliche Sauberkeit und Ordnung herrschten trotz der täglichen Arbeit.

Je weiter Juan mit dem Aufbau seiner Maschine vorankam, desto weniger wurden seine Freunde. Nach zwei Jahren hielten nur noch Taifun, Ramón und Francisco zu ihm, obwohl Taifun und Francisco anfingen, am Verstand ihres Freundes zu zweifeln.

»Wie ich hörte, droht ihm sein Abteilungsleiter mit Entlassung, weil…«, sagte Francisco an einem regnerischen Dezemberfreitag.

Ramón unterbrach ihn barsch: »Weil er sich nicht wie eine Kuh totmelken läßt.«

»Nein, er kommt verschlafen in die Firma, das ist doch verrückt, er verscherzt sich noch seine gute Stelle.«

Ramón zitterte vor Wut: »Was ist normal, du Klugscheißer? Daß wir uns hier besaufen? Du solltest nichts Schlechtes über Juan sagen, wenn du mein Freund bleiben willst.« Seine Stimme bebte. Francisco bekam Angst.

»Was habe ich denn verbrochen?« fragte er den auf die Theke der Bahnhofskneipe starrenden Ramón.

»Du hast gesagt, Juan sei verrückt, und das sagst du in letzter Zeit oft.«

»Ich?« fragte Francisco entsetzt.

»Ja, du, was hast du am Dienstag zu Taifun gesagt?«

»Ich habe nur ›nicht normal‹ gesagt, aber auf deutsch unterscheidet...«

»Halt den Mund! Ich scheiße auf dein Deutsch! Ich sage dir: noch ein schlechtes Wort über Juan und ich...«

»Ach, komm«, beruhigte ihn Francisco, »... ich bin ja auch sein Freund und mag ihn genauso wie du...«

Ramón lächelte zufrieden.

Es war Freitag abend, als Juan von der Arbeit kommend die Tür öffnete, sich schnell die Hände wusch und ein Stück Brot mit ein paar Oliven verschlang. Er eilte in den kleinen Raum. Die Maschine stand gegenüber der Tür, sie hatte einen tischähnlichen mittleren Teil und zwei Türme, die den Tisch links und rechts abgrenzten. Viele Tastaturen und Schalter übersäten den Tisch und die Türme. Der Stuhl, der vor dem Tisch stand, verlieh mit seiner helmartigen Kopfstütze dem Ganzen das Aussehen eines Cockpits. Juan arbeitete an diesem Abend stundenlang an der Maschine.

Endlich legte er den Schraubenzieher beiseite. Er setzte sich auf den Stuhl, sein Herz klopfte stark.
»Jetzt muß es funktionieren«, flüsterte er und rückte näher an das Schaltpult. Er schloß das Kabel, das aus der rechten Armlehne herausragte, an die Steckdose des Tisches an, dann lehnte er sich zurück, steckte seinen Kopf in den Helm, atmete tief und drückte auf eine rote Taste.
Als das Wort »Start« aufleuchtete, drückte er mehrere Tasten hintereinander, die Maschine summte leise, und ein Magnetband lief kurz an. Juan konzentrierte sich auf Granada. Bilder zogen vor seinen Augen vorbei, Täler, Berge, dann erschien in der Ferne eine Stadt, sie kam immer näher. Juans Herz klopfte schneller, als er die Alhambra sah, jetzt wußte er genau, daß es gelungen war. Die Stadt kam immer näher, und da Juan an keine bestimmte Straße dachte, fing die Stadt an, sich vor seinen Augen zu drehen, als wäre sie auf einer Drehscheibe aufgebaut. Nach der Alhambra näherte sich der Sacromonte, die Ruinen der beiden Stadtmauern der Stadt, die Universität, die Plaza de la Trinidad ...
Juan dachte: »Die Heimat, das sind aber nicht die Häuser, das sind die Menschen.« Granada verschwand langsam, denn Juan dachte an die vielen Jugendfreunde in Granada, und viele Bilder zogen vor seinen Augen vorbei.
»Meine Mutter, meine geliebte Mutter, was macht sie jetzt?« dachte Juan. Vor seinen Augen erschien nun

ein kleines Haus, es kam immer näher, das Haus war weiß getüncht. Seine Mutter saß auf einer Holzbank im Erdgeschoß. Als sie näher schwebte, merkte Juan, daß sie schlief, während seine Schwester Carmen am Fenster saß und die untergehende Sonne beobachtete. Juan sah seine Mutter an. »Sie ist alt geworden«, flüsterte er, als er das hagere Gesicht betrachtete. Übersät mit Falten glich es der trockenen, zerklüfteten Landschaft von Andalusien.

Nun rückte die Schwester näher, und Juan hörte sie flüstern: »Liebe Sonne, du nimmst meinen schlechten Tag mit, bring mir bitte einen schönen Morgen.«

Juan hörte es klopfen, die Mutter öffnete die Tür. »Schon wieder Sie, Señor! Ich habe Ihnen gesagt, Juan schickt seit Monaten kein Geld, aber bald wird er wieder welches schicken, und ich gebe Ihnen Ihre 10 000 Pesetas. Keine Angst, wir sind ehrliche Leute. Adiós, Señor.«

»Ich blöder Hund, habe ich alles vergessen?« beschimpfte sich Juan wütend, weil die Maschine sein ganzes Gehalt schluckte.

Juan dachte an die Straßen seines Dorfes, wo er als kleines Kind gespielt hatte, und schon zogen sie vor seinen Augen vorbei, als säße er auf dem Dach eines Busses. Die Häuser waren schäbiger geworden. Lange streifte Juan durch die Straßen und Gassen seiner Kindheit. Jede Ecke wollte er sehen, den kleinen Garten hinter der Kirche, die kleine Mauer am Straßenrand, an die er mit den anderen Jungen um

die Wette gepinkelt hatte, sie war bedeckt mit den Salzgebilden, und Juan mußte lachen.
Als er von seiner Reise zurückkam, war es schon spät, und er fühlte sich erschöpft, sein Kopf war schwer geworden, und sein Hemd war schweißdurchnäßt.
Juan ging in den großen Raum, wechselte sein Hemd und nahm einen kräftigen Schluck aus der Weinflasche.
»Das ist wunderbar«, sagte er immer wieder, »Andalusien, du bist bei mir!«

Als Juan aufstand, war es schon Mittag, denn er hatte bis zur Morgendämmerung seine Erfindung gefeiert. Er fühlte eine seltsame Freude, die er noch nie erlebt hatte. Er ging zu dem kleinen Zimmer, machte die Tür auf und schaute auf die Maschine, dann trank er schnell ein Glas Milch und beeilte sich, um noch einzukaufen, bevor die Geschäfte schlossen.
Als er mit zwei vollen Tüten zurückkam, grüßte er den alten Johann besonders freundlich: »Ein wunderschöner Tag ist das heute.«
Johann wunderte sich über Juans Freude an dem kalten Februartag. »Komisch sind diese Südländer, man kann sie nie richtig einschätzen«, dachte er und schaute auf die Einkaufstüten. »Ja, die Kälte hält frisch.«
Juan stellte die Weinflaschen auf das Regal, stopfte die zwei Hähnchen in den Kühlschrank und die Orangen dazu, kämmte sich und ging wieder.

Juan bestellte ein Bier und saß wie gewohnt am Ecktisch in der Bahnhofskneipe, sie war noch ziemlich leer. Gegen drei Uhr kam Francisco.
»Was, du bist da?« fragte er lächelnd.
»Ja, mein Freund, ich wollte sehen, wie es euch geht«, antwortete Juan und gab damit den Startschuß für Franciscos unendliche Geschichten von Frauen. Juan hörte amüsiert zu, bis Francisco ein Bier bestellte, mit dem er seine trockene Kehle spülen wollte.
»Was machst du heute abend?« fragte Juan den Gigolo.
»Heute? Nichts, warum?«
»Nichts Besonderes, ich habe einiges eingekauft und möchte mit euch dreien feiern. Wo sind die anderen denn?«
»Taifun ist gestern abend nach Köln gefahren, seine Verwandten feiern die Beschneidung ihres Sohnes, und Ramón wollte schon um zwei dasein«, antwortete Francisco und schaute auf seine Armbanduhr.
Es war schon spät am Nachmittag, als Ramón kam. Er zog erstaunt die Augenbrauen hoch, als er Juan sah, lächelte und setzte sich zu ihnen. Francisco merkte, daß er nicht gut gelaunt war.
»Was ist heute mit dir los?« fragte er den bekümmerten Ramón.
Dieser bestellte ein Bier, stützte sich mit seinen Ellbogen auf den Tisch und schaute in die Ferne.

»Sie schreibt schon so lange nicht mehr«, sagte er leise, seine Stimme klang verbittert.

»Ich hab dir ja gesagt, Heiraten ist eine Katastrophe, aber du hast mir nicht geglaubt«, belehrte Francisco den angeschlagenen Ramón, gerade als die Bedienung das Bier brachte.

»Hör mal gut zu«, sagte Juan zu Francisco, »damit spaßt man nicht«, seine Stimme zitterte vor Aufregung. Er wandte sich an den schweigsamen Ramón: »Wann hat sie denn das letzte Mal geschrieben?«

»Das war vor einem halben Jahr, dabei hat diese Hurentochter hoch und heilig versprochen, jeden Monat zu schreiben. Irgend etwas muß passiert sein.«

»Was soll schon passiert sein, deine vier Kinder verbrauchen ihre Kraft, das ist alles«, beruhigte ihn Juan.

»Das sagst du nur so, ich kenne sie, diese ... Ach, manchmal wünsche ich, sie wäre tot, aber dann bekomme ich Angst um sie, ist das nicht verrückt?«

»Nein«, antwortete Juan.

Francisco versuchte Ramón auf andere Gedanken zu bringen: »In letzter Zeit bekomme ich Briefe von meinem Vater, die vor 28 Tagen in Spanien eingeworfen wurden.«

»Ja, aber ...«, wollte Ramón unterbrechen.

»Was ›aber‹!? Francisco hat recht, unsere spanische Post ist das reinste Chaos, Federico bekam vor Tagen einen Brief, der vor drei Monaten aus San Sebastián abgeschickt wurde – als würde die Post auf Eseln befördert.«

Ramón lächelte. »Also vielleicht habt ihr recht, und nun laßt das alles. Wie geht es denn dir?« fragte er Juan.
»Sehr gut eigentlich, ich wollte mit euch heute abend feiern.«
»Was hast du denn?« fragte Ramón neugierig.
»Ach, nichts, ich will einfach mit euch einen saufen, muß denn immer was Besonderes sein?«
Ramón trank sein Glas leer, und die drei Freunde gingen hinaus.

In Juans Wohnung angelangt, übernahm Ramón gleich das Kochen, während Juan den Tisch deckte und Francisco den Laufburschen spielte.
»Nun«, sagte Juan, als sie zu dritt am Tisch saßen, »ich wollte euch eigentlich sagen, daß ich mit der Maschine fertig bin.«
»Großer Gott«, flüsterte Ramón überrascht. »Also doch, ich habe recht gehabt, du schaffst es.«
»Und was macht deine Maschine?« fragte Francisco etwas belustigt und schenkte Wein in die Gläser.
»Meine Maschine, die kann den Emigranten das Leben erleichtern«, sagte Juan etwas schüchtern.
»Eine Fickmaschine?« fuhr Francisco fort.
»Nein, nein, das macht sie nicht«, antwortete Juan lachend. »Sie bringt dir die Heimat hierher.«
»Wir haben aber doch noch nichts getrunken«, meinte Francisco und schöpfte mit seinem Löffel etwas Fleisch und Bohnen, und Juan und Francis-

co lachten. Ramón hörte bei jedem Wort aufmerksam zu.

»Jetzt hört bitte auf mit dem Unsinn, was hast du gemacht? Ich verstehe gar nichts«, sagte er und nahm seinen Teller vom Tisch.

»Also die Sache ist ganz einfach, aber sie ist doch schwierig zu bauen. Du weißt doch, daß man Herzschläge messen kann«, sagte Juan vereinfachend.

»Ja«, antwortete Ramón und stellte den Teller wieder auf den Tisch.

»Jetzt stell dir vor, eine Maschine kann deine Gedanken lesen. Sie nimmt den Gedanken, den du hast, und bringt dir das gewünschte Bild, so siehst du, was du denkst.«

»Nie im Leben, bei Gott«, schrie Francisco, »wie soll sie das schaffen!«

»Das kann ich dir nicht erklären, aber wenn du kapierst, daß nicht dein Gott überall ist, sondern die Atome, dann kannst du vielleicht verstehen, wie ein Signal übertragen werden kann, wenn man den Kniff hinkriegt«, belächelte Juan die Gottesfurcht von Francisco.

»Aber kann sie wirklich alles sehen?« fragte Ramón interessiert.

»Nein, Freund, die Maschine kann nur sehen, was du denkst. Du bist der Leitfaden.«

»Welcher Faden, das kann doch nicht einmal der größte Computer«, warf Francisco ein.

»Was Computer alles können, ist unglaublich, sage

ich dir, nicht einmal die Konstrukteure überblicken das«, schmetterte Juan Francisco entgegen, dessen Computerkenntnisse praktisch gleich Null waren.

»Aber bei uns arbeitete eine Frau am Computer, sage ich euch!« wechselte Francisco das Thema. »Solche Brüste«, sagte er und gestikulierte mit den Händen, »da wäre ich am liebsten ein Stuhl«, und die Freunde lachten.

Sie tranken viel an diesem Abend. Es war spät, als sich die zwei verabschiedeten.

Juan war sehr müde, er schlief sofort ein.

Nur Ramón war aufgewühlt und konnte lange nicht schlafen, denn er wußte nicht, ob das alles ein Scherz von Juan gewesen war oder tatsächlich eine ganz ungeheure Erfindung.

Juan erwachte aus einem schrecklichen Traum, als es an der Tür pochte.

»Wer ist da?« rief er.

»Ich bin es, Ramón!«

Juan schaute verschlafen auf den Wecker, es war elf Uhr. Er stand auf, ging auf Zehenspitzen zur Tür und öffnete sie. Wortlos lächelte er Ramón zu und ging zum Waschbecken.

»Hier riecht es schlimmer als in der Bahnhofskneipe«, sagte Ramón und öffnete die Fenster. Dann blickte er auf die leeren Flaschen, den vollen Aschenbecher und die Reste auf den Tellern.

»Wo sind die Tüten?« fragte er.

Juan deutete mit der Hand. »Dahinten, im Karton«, sagte er und schäumte seinen Bart ein, während Ramón den Tisch aufräumte. Juan merkte, daß sein Freund unruhig war. Seine Hände zitterten, während er das Kaffeepulver in die Kaffeemaschine füllte. Als der Kaffee fertig war, hatte sich Juan schon angezogen und setzte sich zu Ramón an den kleinen Tisch.

»Na wie geht's dir heute?« fragte er den nervösen Freund.

»Ach ... gut, aber ... ich wollte fragen, ob das gestern Spaß oder Ernst war«, stotterte Ramón und rührte seinen Kaffee um.

»Es ist Ernst, die Maschine steht schon«, antwortete Juan und schlürfte laut seinen Kaffee.

»Äh, ich will dich dann bitten, ob du, ob es dir viel Mühe macht, mal bei mir zu Hause reinzuschauen«, fragte er.

Juan lächelte: »Das geht nicht, keiner kann die Sehnsucht des anderen empfinden, denn kann einer Sehnsucht haben nach etwas, was er nicht kennt?«

»Ich wußte doch, daß es nicht geht«, zog Ramón sich wieder in sein Schneckenhaus zurück. »Nun, hast du Lust, heute ins Kino zu gehen, es gibt einen amerikanischen Film, der in Andalusien gedreht wurde.«

Juan willigte ein, zumal er seit drei Jahren nicht einen einzigen Film gesehen hatte.

Juan fand den Film sehr schlecht, im Gegensatz zu Ramón, der ihn verteidigte: »Was interessieren mich

die fetten Amerikaner, die darin gespielt haben, ich habe den Boden gerochen, den Staub Andalusiens.«
Am nächsten Tag wunderten sich die Leute in der Firma über den Zustand von Juan, der fröhlich und wie neugeboren auftauchte und die Kundendienstabteilung mit seinen Bemerkungen erheiterte. Abteilungsleiter Becker atmete auf, als er das hörte. »Ich wußte doch, daß er zur Vernunft kommen würde«, sagte er zu seiner Sekretärin, aber innerlich verstand er diese Männer nicht, die sich so viel aus Frauen machten.
Abend für Abend saß Juan an der Maschine, streifte durch die kleinen Dörfer Andalusiens und sah die Armut. Das Elend der Leute erschreckte ihn.
Eines Abends vergaß Juan, die Wohnungstür abzuschließen. Er reiste mit der Maschine seiner Sehnsucht nach und hörte weder die Klingel noch die Schritte Ramóns. Der ging verwundert durch die Wohnung, er hörte Juan mit jemandem reden und vermutete, daß der vom kleinen Zimmer aus mit seiner Mutter telefonierte. Er drückte langsam die Tür auf und erstarrte beim Anblick seines Freundes, der aussah wie ein Astronaut. Atemlos setzte sich Ramón auf einen Hocker und beobachtete zitternd den Freund, der in Andalusien seine Sehnsucht stillte. Es dauerte über eine Stunde, und als Juan zu sich kam, war er nicht sonderlich überrascht über die Anwesenheit seines Freundes. Erschöpft grüßte er und bat Ramón um Geheimhaltung, da die Maschine und die Programme dafür noch nicht ganz ausgereift seien.

»Ja, ja«, flüsterte Ramón mit trockener Kehle, ihm war die Reife der Computerprogramme gleichgültig. Er wollte bei seiner Frau nachschauen. Seine Eifersucht fraß seine Seele langsam auf.
Immer häufiger durfte Ramón dabeisitzen, wenn Juan mit der Maschine experimentierte und seine Programme umschrieb, korrigierte oder erneuerte. Eines Abends machte Juan eine kurze Reise zu seiner Mutter, um nachzuschauen, wie es ihr nun nach einer Grippe ging.
»Alles in Ordnung?« fragte Ramón.
»Bestens«, erwiderte Juan und schaltete die Maschine aus.
»Laß mich mal ran«, bat Ramón mit flehender Stimme.
»Nein, du bist viel zu empfindlich, und die Maschine könnte dir Schaden zufügen.«
Zum ersten Mal spürte Ramón Haß gegen Juan und auch den Schmerz, den die herablassenden Worte Juans verursachten. Was bildet er sich ein, ist er besser und stärker als ich, der ich eine Familie von fünf Leuten ernähre? Er sprach kein Wort mehr darüber und überlegte nur noch, wie er an die Maschine herankommen könnte.

Es war Dienstag. Francisco wollte seiner neuen deutschen Freundin imponieren, so beschloß er, am Dienstag seinen Geburtstag zu feiern, obwohl sein echter Geburtstag schon ein paar Monate zurücklag

und ihn eigentlich gar nicht interessierte, doch ein Anlaß mußte her. Der Dienstag war gut, da Mittwoch ein Feiertag war. Als er das Ramón erzählte, sagte dieser, er würde gerne feiern, er solle ihn dann von zu Hause abholen. Auch Juan stimmte zu, und Francisco war außer sich vor Freude. Er kaufte am Montag nach der Arbeit viel Wein, Salzgebäck, Käse und Oliven. Am Dienstag holte er Juan ab und fuhr mit ihm zu Ramón. Dieser lag aber im Bett.
»Was ist denn mit dir los?« fragte Juan besorgt.
»Ich weiß nicht, mir wurde übel in der Firma, und der Arzt sagte, ich solle mich ausruhen und gab mir drei Tage frei. Ich glaube, ich habe mich an irgendeinem Dreck vergiftet.«
»Und nun?« fragte Francisco.
»Ja, geht und feiert, ich werde lieber schlafen.«

Als Ramón Franciscos Auto starten hörte, sprang er aus dem Bett, zog sich hastig an und ging aus dem Haus, tastete nach ein paar Schritten seine Jacke ab und machte noch mal kehrt, um einen Schraubenzieher zu holen. Dann stieg er auf sein Fahrrad und fuhr so schnell wie möglich zur Spelzenstraße.
»Ich muß wissen, was sie macht«, flüsterte er vor sich hin.
Als er ankam, stellte er das Fahrrad ab und eilte leise die Treppe hinauf. Vor der Wohnungstür zog er den Schraubenzieher aus der Tasche und drückte ihn in den Türspalt. Die Tür ging auf, dann schloß er sie

leise hinter sich, blieb kurz stehen und horchte, ob es im Treppenhaus still war. Es war ganz ruhig.

Ramón ging zum Tisch im Arbeitsraum und zog die oberste Schublade heraus. Der Schlüssel des kleinen Raumes lag unter einem Papierzettel. Er nahm den Schlüssel und öffnete die Tür zum kleinen Raum.

Als er die Maschine erblickte, atmete er tief, sein Herz klopfte heftig gegen sein enges Hemd. Er knöpfte den Kragen auf und näherte sich der Maschine. Er setzte sich auf den Stuhl und verband das Kabel an der rechten Armlehne mit der Steckdose am Tisch, so wie Juan es gemacht hatte, zog den Helm über den Kopf, atmete tief ein und dachte unentwegt an seine Frau.

Als er auf den Startknopf drückte, summte die Maschine leise. Seine Frau kam ihm entgegen, lächelnd. Ramón merkte zum ersten Mal, wie schön Luisa war. Ihre Bluse war aufgeknöpft, er sah ihre Brüste.

»Du bist seit langem weg«, sagte sie, »und im Leben gibt es etwas anderes, als auf dich zu warten.« Sie drehte sich um. »Warte doch«, flüsterte Ramón. Aber Luisa ging zur Haustür, öffnete sie und ließ den Sergeant der Guardia Civíl, José Ruiz Alonso, herein. Ramón haßte José, schon als Kind war dieser stolz auf die Falangisten gewesen, die Ramóns Vater im Bürgerkrieg ermordet hatten. José kam näher, er blickte Ramón in die Augen, lachte widerlich und sagte: »Hab ich dir nicht gesagt, du bist ein Esel? Arbeite nur wie ein Sklave weiter.«

Luisa holte eine Flasche Wein, schenkte ein Glas ein, und José trank es auf einen Zug, als wäre es ein Glas Wasser. »Dein Wein schmeckt gut.« Er lachte, und der Wein floß ihm aus den Mundwinkeln.

Ramóns zehnjähriger Sohn Manuel kam gerade mit seinen beiden Brüdern Enrique und Eduardo. Sie warfen ihre Schulranzen beiseite. »Ich will essen«, sagte Manuel.

»Nicht jetzt, geh spielen«, sagte die Mutter, während José seine fetten Hände auf ihre Hüften legte und sie am Hals küßte.

»Ich will aber nicht spielen, draußen ist es kalt, und ich bin hungrig.«

José ließ Luisa los. »Raus mit euch«, brüllte er die Kinder an.

Enrique und Eduardo rannten erschrocken hinaus, nur Manuel blieb stehen: »Ich gehe nicht, das ist das Haus meines Vaters.«

»Du gehst, wenn ich es dir sage«, schrie José und zog seinen Gürtel und drohte dem Jungen. »Du weißt, wie es schmeckt«, sagte er mit einem breiten Lächeln auf dem Gesicht.

»Ich gehe nicht, und wenn du mich noch mal schlägst, wird mein Vater dich umbringen«, sagte Manuel.

»Du bist genauso stur wie er«, rief José und schlug den Kleinen. Manuel trat ihm mit dem Fuß gegen das Schienbein, und José schlug erst recht zu ...

Ramón flüsterte: »Großer Gott! Ich werde dich umbringen!« Das Bild verschwand langsam.

»Die Kinder, die Kinder«, rief er, und die Kinder erschienen im kleinen Bett, sie schliefen. Ihre Gesichter hatten Falten, als wären sie sechzig Jahre alt. »Unsere Kinder werden immer älter geboren, der Kummer frißt ihre Kindheit«, flüsterte er.

Plötzlich erschien ihm das vierte Kind auf dem Gang des Hauses, es kam immer näher. Ramón sah erschrocken das glatte Gesicht seines Sohnes, er sah aus wie José.

Das Kind schaute Ramón in die Augen. »Du bist ein Dieb, und ich bin ein Polizist, ich werde dich umbringen, peng, peng!« sagte es und gestikulierte mit seinem Finger wie mit einer Pistole. Es kam immer näher.

Ramón war erschrocken. »Geh zurück«, rief er laut, aber das Kind fing an, an einem Kabel der Maschine zu zerren. »Laß das, laß das!« rief Ramón, aber das Kind lachte höhnisch und zog noch stärker.

Plötzlich löste sich ein Kabel, alles drehte sich, und Dämonen sprangen aus der Maschine, sie packten ihn am Hals. Ramón schlug um sich und spürte den Schmerz in seinen Gliedern.

Mit aller Kraft riß er sich vom Stuhl und schlug mit den Fäusten auf die Maschine. Dann nahm er den Stuhl und hieb damit auf sie ein...

Es war kurz vor Mitternacht, als Francisco Juan nach Hause brachte. Als Juan die Treppe hochging und den Schlüssel aus der Tasche holte, hörte er die

dumpfen Schläge, er ging schnell hinein. Der ganze Raum war dunkel, dann vernahm er die Stimme von Ramón. Er rannte zur Tür und riß sie auf.
Ramón schlug mit dem Stuhl um sich, und die Maschine funkte an mehreren Ecken.
»Was machst du da, du Idiot!« schrie Juan und stürzte auf Ramón zu. Dieser blickte ihn mit wilden Augen an.
»Da bist du ja, du kommst sogar hierher, um mich zu quälen!« schrie Ramón, der in Juan die Gestalt seines verhaßten Nebenbuhlers sah.
Juan schubste Ramón beiseite und stand zwischen der Maschine und dem Tobenden. »Hör auf, Mensch, bist du denn verrückt geworden?« schrie er den wütenden Ramón an.
»Nein, ich wußte immer schon, daß du zu meiner Frau gehst! Hau ab, ich will sie töten!«
Er riß den Stuhl hoch, und Juan versuchte ihn zu fassen, aber er wurde vom schwingenden Stuhl getroffen, rutschte aus und fiel auf die Maschine. Sein Kopf stieß mit voller Wucht auf die scharfe Kante des Tisches.
Ramón sah den fallenden Körper, der langsam zu Boden sank, Blut strömte aus dem Hinterkopf.
Plötzlich hielt er inne, warf den Stuhl beiseite und kniete sich neben Juan.
»Juan! Juan!« rief er.
Eine Flamme schlug aus der Maschine und fraß sich durch die hölzerne Wand.

DER ERSTE KUSS
NACH DREI JAHREN

Der Beruf des Barkeepers ist kompliziert, und nur wenige wissen das. Bier zapfen, Wein und Schnaps einschenken sind nur mechanische Handlungen, die jeder in kürzester Zeit lernen kann. Das ist aber noch lange nicht barkeepen. Es mag übertrieben sein, den Barkeeper als Reparaturwerkstatt für gescheiterte Beziehungen und Ärger im Beruf anzusehen, aber ein guter Barkeeper ist sehr wohl ein teilnehmender Beobachter. Im Gegensatz zu seinen Kollegen unter den Soziologen, Ethnologen und Psychologen hat er jedoch keinen Nutzen von seinen Beobachtungen. Wer wie ich drei Jahre lang sein Brot als Barkeeper in einer linken Kneipe verdient hat, weiß, daß unter dem Strich der Erfahrung eine vernebelte große Null bleibt.

Wer heiße Dinge an der Theke erwartet und gar davon berichtet, hat entweder noch keine Kneipe von innen gesehen oder eine ausufernde Phantasie. Die Abende in den deutschen Kneipen laufen in der Regel langweiliger ab als das Familienleben in diesem Land. Und doch gab es einen Abend in meiner Kneipe, an dem es wenig Kunden, aber viel Kurioses gab.

Es war ein eiskalter Dienstagabend im Februar 1975. Ahmad, ein verrückter Syrer, tauchte wie jeden Abend gegen acht Uhr auf. Er hatte immer ein Bier frei bei mir, und wenn er zahlen konnte, bestellte er sich ein zweites. Selten unterhielt er sich, er trank langsam und bedächtig, und wenn sein Glas leer war, nahm er seine Baskenmütze und ging. Abend für Abend.

Nicht jedoch an jenem Dienstag. Sichtlich nervös trank er sein erstes Bier, zählte sorgfältig seine Groschen auf die Theke und bestellte laut ein zweites.

»Wie geht's?« fragte ich auf arabisch.

»Guuuuuut«, antwortete er auf deutsch, und ich ahnte, daß er das den anwesenden Deutschen mitteilen wollte. Er lachte dämonisch und fragte: »Und weißt du, warum?«

Noch bevor ich seine Frage verneinen konnte, fuhr er fort: »Ich habe ein Honolulukomitee gegründet!«
Das rief er so laut, daß sein bärtiger Nachbar sichtlich aufschrak. »Was für 'n Ding?«
»Ein Honolulukomitee!« wiederholte Ahmad. »Für Persien gibt's drei, für Palästina fünf, es gibt welche für Vietnam, Kambodscha, Gefangene und Frauen, Schwule und Frieden, Südafrika und Lateinamerika, aber noch keines für Honolulu. Gibt's in Honolulu keine Klassenkämpfe, Frauen und Schwulen?«
Der Bärtige fragte allen Ernstes, welche politische Gruppe das Komitee tragen solle, und er erfuhr, daß Ahmad der Gründer und einziges Mitglied sei und daß er keine Mitglieder aufnehme, sondern noch andere Komitees alleine gründen wolle.
»Jeder Mensch sollte ein Komitee für alle Länder gründen«, schmetterte er dem verwirrten Linken mit dem großen Bart entgegen. Lange noch stritten die beiden, weil der Bärtige nicht verstehen konnte, warum ein Araber ausgerechnet Honolulu so wichtig fand.
Ich hatte zu tun und verfolgte die erregte Diskussion nicht weiter, aber plötzlich sprangen zwei Studenten auf, um die beiden Kampfhähne zu trennen. Ahmad sollte den deutschen Linken, der in einem Palästinakomitee mitmachte, Antisemit geschimpft haben. Das verschmitzte Lächeln der Gäste, die die Auseinandersetzung belustigt verfolgt hatten, schmolz dahin, und eisige Stille trat ein.

»Salam, Bruder!« rief Ahmad beim Hinausgehen auf arabisch, als wolle er betonen, daß er sich kein Wiedersehen mit den anderen wünschte.

Kaum hatte Ahmad die Kneipe verlassen, trat Carlo ein. Ein erleichtertes »Hallo!« schlug ihm entgegen. Die Linken in meiner Kneipe amüsierten sich über sein Temperament und stachelten ihn noch mehr auf. Ich hatte oft Mitleid mit Karl-Heinz, und ich war der einzige, der ihn so nannte. Er sah eher wie ein Afroaraber aus, obwohl er aus dem tiefsten Schwaben stammte. Wegen seines Aussehens hatte er Probleme bei der Zimmer- und Arbeitssuche. Die Leute bewunderten, daß er »verdammt gut deutsch« sprach, und gaben ihm kein Zimmer und die dreckigste Arbeit. Ich spürte seine Einsamkeit, wenn er betrunken als letzter die Kneipe verließ. Den Jubel der Linken um ihn empfand ich wie den gaffender Zuschauer im Zirkus.

An jenem merkwürdigen Dienstagabend aber war er wie verwandelt, frisch rasiert schenkte er den grölenden Typen an den drei Tischen keinen müden Blick.

»Pils«, sagte er leise und gab mir die Hand. Zwischen ihm und seinem bärtigen Nachbarn blieb ein Stuhl frei. So setzte sich Karl-Heinz immer, um sein Glück wieder auf die Probe zu stellen. Es ist ja immerhin eine Wahrscheinlichkeit von 1:1, daß eine Frau den freien Hocker besetzt. Die Rechnung ging diesmal auf. Eine Frau trat ein, schaute um sich, als ob sie jemanden suchte, dann setzte sie sich zwischen Karl-

Heinz und den Bärtigen. Sie bestellte einen Rotwein und zog ihren Mantel aus.

Ich erledigte ein paar Bestellungen der Gäste an den Tischen und lehnte mich dann an das Regal, Karl-Heinz gegenüber. Der Bärtige war inzwischen voll in Fahrt, der Frau seine Ansichten zu erklären. Vietnam, Südjemen, Kuba und Lenin wurden oft und Marx seltener in seinen Monolog eingeflochten. Die Frau bemerkte zwischendurch gelangweilt »Wer? Ach ja?« und manchmal »Ach so!«

(Diese Redewendung kenne ich als Barkeeper gut, sie bedeutet für den sensiblen Erzähler: Ich höre deinem Geschwätz überhaupt nicht zu. Es interessiert mich nicht. Laß mich in Ruhe!) Der Bärtige war aber nicht so feinfühlig. Er wurde immer aufdringlicher und seine Gestik und seine Themen wurden immer hitziger. Als ich zwei Pils abgezapft hatte und zurückkam, war er bei der gesellschaftlichen Repression und Wilhelm Reich. Karl-Heinz und ich lächelten, weil wir die Route kannten. Die Frau schaute ab und zu zur Tür und blieb bei ihrem einsilbigen »Wer? Ach ja?« und »Ach so!«

Doch der Bärtige verstand noch immer nicht den Wink. Er legte seinen Arm um die Schultern der Frau und ergoß seine Schmeicheleien in ihr Ohr. »Du bist aber ziemlich emanzipiert!« – »Ehrlich, du, ich finde dich ganz stark!« – »Warum kommst du nicht in den Kapital-AK?« – »Wie kommt es, daß ich dich nicht kenne?«

Die Frau blieb weiterhin bei ihrem »Wer? Ach ja?« und »Ach so!« Die Hand des Bärtigen schob sich von ihrer Schulter über Hals und Rücken und dann zur Brust. Angewidert schob sie seine Hand fort und rückte samt Hocker zu Karl-Heinz, als dieser sein drittes Pils bestellte.
Ich erledigte noch ein paar Bestellungen und brachte Karl-Heinz sein Pils. Da war er schon mitten in seiner Anmache. Er redet dabei nie – auch an diesem Abend nicht – von Kuba oder Vietnam, sondern vom Genießen und seiner Geilheit. Damit kam Karl-Heinz wie jeder Mann in den Siebzigern nicht an.
Die Frau sagte jedoch nicht mehr »Wer? Ach ja?« und »Ach so!«, sondern lachte herzlich und gab Karl-Heinz immer wieder mal einen zärtlichen Stups. Beide amüsierten sich wie Kinder, und ab und zu fielen sie sich in die Arme. Der Bärtige wurde immer finsterer und trank stumm sein Bier.
Die Frau leerte ihr Glas und schaute auf die Uhr. Es war bereits nach zehn. Sie legte 3,50 für den Wein auf die Theke.
Karl-Heinz stand auf. Die Frau knöpfte ihren Mantel zu, dann umarmte sie ihn lange und flüsterte ihm irgendwas ins Ohr.
Ich sah, wie sich seine halbgeschlossenen Augen plötzlich überrascht weiteten. Er streichelte ihr über den Kopf. »Ist schon in Ordnung. Mach's gut!« sagte er und sank auf seinem Hocker zusammen, als die Frau »Tschüs!« rief.

Der Bärtige antwortete nicht. Er vergewisserte sich mit einem verstohlenen Blick, daß sie draußen war, und zischte: »Blöde Gans!«
»Eine tolle Frau!« erwiderte Karl-Heinz bestimmt.
»Toll sagst du? Eine verblödete kleinbürgerliche Jungfer ist sie!« zürnte der Bärtige und nahm einen kräftigen Schluck aus seinem Glas. »Von nix 'ne Ahnung!« giftete er, da Karl-Heinz nur den Kopf schüttelte.
»Und ob sie eine Ahnung hat! Sie ist lesbisch!«
»Da haben wir's!« rief der Bärtige und quasselte weiter. Karl-Heinz und ich zogen ihn richtig auf, und wir amüsierten uns eine Weile.
Plötzlich trat eine ältere Frau ein. Sie schaute etwas verlegen um sich, wie die, die zum ersten Mal in ein Nachtlokal hineingeraten ist. Sie blieb eine Weile stehen und überlegte, dann entschied sie sich für den Hocker neben Karl-Heinz.
Ein Lächeln huschte über das Gesicht des Bärtigen. Er nahm sein Glas und setzte sich zu einer der Gruppen an einen nahen Tisch.
Selten kamen ältere Menschen in diese linke Kneipe, und wenn, dann nur einmal. Die Deutschen mögen Ordnung und Gleichgesinnung sogar beim Saufen. Bürgerliche, linke, rechte, Szene-, Frauen-, Jugend- und Rentnerkneipen sind nur in diesem Land möglich.
Die ältere Frau setzte sich und bestellte einen Korn und ein Bier. Schnell gab Karl-Heinz der Frau sein

Feuerzeug, als sie in ihrer Tasche kramte. Sie lächelte und bot ihm eine Zigarette an.

Die beiden redeten und lachten, und ich verstand, daß diese Frau nach vierzig Jahren Ehe an jenem Abend beschlossen hatte, allein zu leben. Sie sah eher erleichtert aus als traurig.

Die Leute an dem Tisch, zu denen sich der Bärtige gesetzt hatte, begannen bald, über Carlo zu witzeln.

Dann wurde die Kneipe etwas voller, und ich hatte alle Hände voll zu tun. Plötzlich hörte ich ein fröhliches »Tschüs!« Ich drehte mich um.

Karl-Heinz hatte seinen Mantel schon zugeknöpft und seinen roten Schal um den Hals geworfen.

Überrascht wollte ich ihn fragen, warum er so früh gehen wollte, aber in diesem Augenblick nahm er das Gesicht der Frau in seine Hände und gab ihr einen langen Kuß auf die Lippen. Der Bärtige jodelte. Die Frau hielt Karl-Heinz fest, und beide blieben eine Weile eng umschlungen.

»Zahlen bitte«, sagte die Frau leise, und beide verließen die Kneipe.

Das war das erste Mal in drei Jahren, daß Karl-Heinz die Kneipe nicht allein verließ.

DIE GEPANZERTE HAUT

Jahre sind vergangen, seitdem ich mein Dorf verlassen habe. Fünf Jahre wollte ich hierbleiben, und dann nichts wie zurück. Erst habe ich die Monate, dann die Tage gezählt, aber seit Jahren zähle ich nicht mehr. Die Zeit hat mich besiegt.
Dieses Land hier ist meine Heimat. Sein Schnee, seine Wälder sind mir auch jetzt nach so vielen Jahren fremd geblieben. Die Bilder meines staubigen Dorfes prägten lange mein Hirn. Erbarmungslos röstete die Sonne meine Knochen schon im Kindesalter. Kann man die Wunden der Kindheit vergessen? Ich kann es nicht. Tief sitzen sie, und in ihren Tiefen

verbirgt sich die Erinnerung. Sie schlägt mich aus dem Hinterhalt, immer wenn ich mich für kurze Zeit in diesem kalten Land zu Hause fühle.

Vor etwa zwei Jahren trieb mich eine Unruhe immer wieder aus dem Haus, als wollte ich alles mit meinen Augen in mich hineinsaugen. Jedes Gesicht, jedes Schaufenster und jeden Straßennamen prägte ich mir ein, als wollte ich die Erinnerung mit den neuen Eindrücken ersticken. Das war mir auch gelungen, bis ich Ali traf.

Ich ging an jenem Samstagvormittag auf der Hauptstraße spazieren; plötzlich sah ich Ali Söray. Ich traute meinen Augen nicht. Sein Gesicht hatte sich seit unserer Trennung nicht viel verändert, aber wer konnte sagen, daß dieser Mann, der die teuren Hemden und Jacken im Schaufenster der feinen Boutique musterte, derselbe Ali war, der unser Dorf vor mehr als fünfzehn Jahren verlassen hatte.

»Ali!« rief ich laut. Der Mann drehte sich um und suchte unter den Passanten nach einem bekannten Gesicht. Als er mich erblickte, lachte ich, denn jetzt war ich sicher: es war Ali, mein bester Kindheitsfreund.

»Mein Gott, Ali, du bist es!« rief ich laut.

»Wer bist du …? Hikmet?« fragte er leise.

»Ja, Hikmet, dein Freund, laß dich umarmen!« sagte ich, ging auf ihn zu und faßte ihn an den Schultern.

»Ich erkannte dich an deiner krummen Nase, die immer noch die gleiche ist.«

Ich küßte Ali auf die Wangen, doch er begrüßte mich nicht sehr herzlich, sondern schaute verlegen um sich.

»Was hast du denn?« fragte ich irritiert.

»Du weißt doch, die Deutschen sehen es nicht gerne, wenn Männer sich küssen«, antwortete er errötend.

Ich wußte, daß das nicht stimmte, weil ich auch Deutsche kannte, die sich küßten, aber ich wollte mit Ali nicht gleich streiten.

»Laß uns einen Kaffee trinken«, schlug ich vor. Ali schien nicht begeistert zu sein, er sagte, er hätte viel zu tun, aber er würde mit mir schnell einen Kaffee in der Eisdiele trinken, an der wir gerade vorbeikamen. Wir bestellten zwei Kaffee, und ich legte los mit meinen Fragen.

»Aber wie soll ich dir denn jetzt alles erklären, lieber Hikmet«, antwortete er auf all die Fragen knapp und schaute mich mit traurigen Augen an.

»Wieso hast du denn nichts mehr von dir hören lassen? Nicht einmal deine Eltern wußten, wie es dir geht«, fragte ich ungeduldig.

»Ja ... wie soll ich dir das erklären. Am Anfang wollten meine Adoptiveltern nicht, daß ich meine Eltern in der Türkei sehe, danach wollte ich es auch nicht mehr. Weißt du? Wir ändern uns, die Eltern bleiben stehen, sie bleiben dieselben ... Es war mir peinlich, vor zehn Jahren meiner Mutter zu begegnen, denn da habe ich entdeckt, daß ich sie nicht liebe. Im Gegenteil, ich habe mich ihrer geschämt. Ich hatte Mitleid mit dieser armen Frau. Sie kam her, vollgepackt mit Kartons; Linsen, Kichererbsen und Bohnen hatte sie mitgebracht.« Ali lachte kurz. »Als ob wir hier hungern, aber was soll's, ich habe mein Leben und sie das ihre.« Ali schwieg eine Weile, dann lächelte er. »Du bist der erste seit über zehn Jahren, der mich wieder Ali nennt. Ich heiße nicht mehr Ali Söray, sondern Alibert Müller. Ich bin auch deutscher Staatsbürger«, sagte er leise und hielt wieder inne, dann winkte er mit der Hand, als wollte er irgendeine unangenehme Erinnerung von sich weisen: »Nun sag, was hat dich hierher verschlagen?«

»Das ist auch eine lange Geschichte. Nachdem du mit den Deutschen unser Dorf verlassen hattest, mußte ich die Schule verlassen. Ich half meinem Vater bei seiner Arbeit im Steinbruch. Eine Hölle war das, dann warf der Besitzer meinen Vater hinaus, die Zeiten seien schlechter geworden, sagte dieser Gauner. Mein Vater versuchte, von unserem kleinen Feld zu leben, aber der Boden dankte uns nur mit Staub, je mehr wir mit der Hacke auf ihn einschlugen. Dann ging mein Vater nach München und arbeitete dort ein Jahr lang. Er holte mich dann hierher, damit ich auch etwas verdienen konnte, und nach zwei Jahren starb der Arme an einem Herzinfarkt. Als ob er im voraus gewußt hätte, daß er sterben würde, holte er mich hierher, damit ich meine Mutter und fünf Geschwister weiter ernähren kann. Ich bin nun seit zehn Jahren hier und ...«

»Und wie findest du die Deutschen?« unterbrach mich Ali und nippte an seinem Kaffee.

»So gut und so schlecht wie die Türken, ich habe in den zehn Jahren viele Feinde gesammelt und ein paar Freunde, echte Kumpel gefunden!« antwortete ich und zündete mir eine Zigarette an.

»Was du nicht sagst, also ist es dir gelungen, Deutsche als Freunde zu gewinnen?« fragte Ali. Seine Stimme klang zynisch.

»Ich sage es dir doch, es sind gute Kerle, die mich so akzeptieren, wie ich bin«, antwortete ich. »Und du, hast du keinen deutschen Freund oder eine Freundin?«

Ali schaute verlegen um sich. »Nicht so laut, wir sind hier nicht in Istanbul... Nein, ich habe keine Freunde unter diesen Arschlöchern, ich habe nur gelitten unter ihnen.«

»Wieso gelitten? Deine Adoptiveltern waren doch reich, oder?«

»Reich schon, aber die habe ich am meisten gehaßt, sie haben mich gequält. Sie wollten unbedingt aus mir einen Deutschen machen. Kannst du dir vorstellen, wie es schmeckt, ewig nur belehrt zu werden? Du redest zuviel. Du ziehst dich falsch an. Du bist schon wieder dreckig. Ein Akademikersohn kann doch nicht das Wort Zuhälter in den Mund nehmen. Du sollst nicht weinen. Du mußt lernen zu lächeln, auch wenn dir der Bauch platzt. Du darfst nicht in dieses Lokal gehen, es sind Dealer und Schwule drin. Auch nicht in das andere, da sitzen Chaoten drin, die verführen dich, und du ziehst den Namen Müller in den Dreck.« Ali schnappte nach Luft. »Aber eines verdanke ich ihnen, mit der Zeit ist mir eine Panzerhaut gewachsen, durch die keiner dringen kann, nicht einmal die, die mir diese Haut verpaßt haben. Sie dachten bis zu ihrem Tod, daß ich sie liebe, so gut habe ich meine Haut nach außen hin gepanzert.«

»Nun aber ist das vorbei, jetzt kannst du doch glücklich leben«, tröstete ich ihn.

»Glücklich? Ich bin der unglücklichste Mensch, den du je gesehen hast. Den Namen Müller hören die Leute, sie schauen mich an und sprechen mich als Deutschen an, aber ihre Augen sagen: ›Du gehörst nicht zu uns.‹ Aber laß meine traurige Geschichte. Wie geht es dir denn? Bist du verheiratet? Hast du Kinder?«

»Ja, eine Tochter, meine Katherina.«

»Was? Katherina? Du bist also mit einer Deutschen verheiratet?! Jetzt weiß ich, warum sie dir gefallen!«

»Nein, nein, ich bin nicht mit einer Deutschen verheiratet, sondern mit einer Griechin.«

»Griechin? Das ist doch nicht ... Ich meine, wie versteht ihr euch denn?«

»Wir sprechen Deutsch miteinander.«

»Und warum gerade eine Griechin?« fragte Ali, noch erstaunt.

»Warum nicht? Sie hat mit mir alles geteilt, Kummer und Freude. Sie ist ...« Ich wollte Ali über Maria er-

zählen, aber ich merkte, wie er auf dem Stuhl hin und her rutschte und auf die Uhr schaute. »Was ist, willst du gehen?«
»Es tut mir leid, aber ich habe es eilig«, antwortete er erleichtert. Ich flehte ihn an, doch noch zu bleiben, aber er entschuldigte sich und ging. Er gab mir seine Visitenkarte. Auf dem Weg nach Hause gingen mir die Jahre meiner Kindheit durch den Kopf, in scharf gestochenen Bildern, als wäre alles erst gestern passiert:
Das deutsche Ehepaar, der Mann etwas dick, mit kurzer Hose, Sonnenbrille und weißem Hut, die Frau etwas kleiner, zierlicher, kam ins Dorf. Es war ein Ereignis! Die beiden mieteten ein Zimmer bei Mevlüda, der Mutter von Ali, und das ganze Dorf sprach nur noch vom deutschen Professor, der so gut Türkisch konnte wie der Lehrer. Alle Dorfbewohner mochten ihn, nur drei konnten ihn nicht leiden: Onkel Selim, Ali und ich. Onkel Selim mochte den Professor nicht, weil dieser ihm dauernd widersprach, wenn der alte Onkel vom Krieg erzählte. Ali konnte den deutschen Professor gar nicht mögen, weil er mit seinen Eltern und den sieben Geschwistern nun in einem Raum schlafen mußte. Ich hatte eigentlich keinen Grund, den Professor abscheulich zu finden, aber ich schloß mich den beiden an, die ich am meisten liebte. Jahr für Jahr kamen dieser Professor und seine Frau für einen Monat lang im Sommer. Dann hieß es, sie wollten Ali mit nach Deutschland nehmen. Das Dorf war

wieder mal gespalten in seiner Meinung, die einen beneideten Alis Vater, der nun ein Maul weniger zu stopfen hatte und ein wenig Geld bekam. Onkel Selim und einige ältere Männer lieferten sich am Abend im Friseursalon heftige Debatten, ob sie diesen Kinderverkauf gutheißen sollten. Ali ging dann mit nach Deutschland.
Fröhlich erzählte ich Maria von meiner Begegnung, aber sie reagierte abweisend, wie ich befürchtet hatte.
»Ein Arschloch ist das, wenn er so über seine Mutter redet!« war ihr knapper Kommmentar, der mich kränkte. Maria fällt sehr schnell ihre Urteile über meine Landsleute, während sie sehr behutsam mit Griechen und Deutschen umgeht. Meist mache ich mir nicht viel daraus, aber Ali ist nicht irgendeiner.
»Er ist mein Freund!« schrie ich sie an, dann versuchte ich ihr ruhig zu erklären, daß Ali ein wunderbarer Mensch war, auch wenn er jetzt Alibert hieß, sein gutes Herz blieb. »Er leidet selbst darunter«, schloß ich meine Erklärung, aber Maria hörte nicht zu.
»Es ist mir egal«, sagte sie kurz, legte sich schlafen und ließ mich mit meinen Magenschmerzen allein.
Tagelang hoffte ich insgeheim, Ali werde an irgendeinem Abend an unserer Tür erscheinen und Maria die Zweifel an seiner Person nehmen. Erst nach zwei Wochen erinnerte ich mich, daß Ali nicht einmal meine Adresse hatte, und suchte den Fehler bei mir. Also stand ich auf und ging zur Telefonzelle. Mein

Wunsch, Maria zu beweisen, daß Ali ein guter Mensch war, war stärker als meine Ehrlichkeit. Ich rief ihn an, aber Ali zeigte keine Begeisterung. »Ich kenne deine Frau nicht, aber wenn du willst, kannst du mich besuchen.« Ich war verbittert, denn der Besuch eines Freundes ist für mich als Türke das Schönste. Das Bedürfnis nach Freunden steckt in meinem Blut. Und wenn ich jemanden lange nicht gesehen habe, pocht eine Unruhe in mir, bis ich ihn wiedersehe. Hatte Ali diese Unruhe denn nicht?
Ich machte mich auf den Weg zur Zeppelinstraße, in ein vornehmes Viertel entlang einer Grünanlage. Feine Sportwagen säumten den Rand der breiten, sauberen Straße. Als ich das Haus Nr. 89 erreichte, dachte ich, ich hätte mich geirrt, denn in meiner Erinnerung haftete das Bild von Ali in der kleinen Hütte seiner Eltern, aber der Name am Türschild war richtig. Ich drückte auf die Klingel. Ali erschien am großen Fenster der einstöckigen Villa, er lächelte, dann verschwand er, das Schloß summte kurz, und ich drückte die Tür auf.
»Komm herein«, rief Ali, und ich trat ein und wunderte mich über die Kälte, die mich von ihm zurückstieß, so daß ich es nicht fertigbrachte, ihn zu umarmen. Ali ging bis zur offenen Tür des großen Zimmers und streifte seine blanken Schuhe an einer Fußmatte ab. Ich wunderte mich, folgte aber seinem Beispiel. Ali warf sich träge in einen großen, alten Ledersessel, ich saß ihm gegenüber auf einem großen

Sofa. Die Minuten krochen langsam vorbei, wir schwiegen uns an.

»Ein schönes Haus hast du«, sagte ich, um das Schweigen zu brechen.

»Ein bißchen altmodisch ...«, er winkte mit der Hand, »ich habe es vom Alten geerbt.«

Langsam kamen wir auf unsere Kindheit zu sprechen, die mir unsere einzige sichere Gemeinsamkeit zu sein schien, aber ich irrte mich, denn Ali erinnerte sich kaum an Vorfälle, die für uns beide einst sehr wichtig gewesen waren. Mir schien, daß das Leben für Ali erst mit elf in der Bundesrepublik begonnen hatte, alles andere war tot. Ich fühlte mich miserabel, einsam auf dem Gang durch die Vergangenheit. So wechselte ich das Thema.

»Warum heiratest du nicht?« fragte ich ihn.

»Ach, hör auf«, er lachte, »ich glaube, du spinnst, hier kennen die Leute doch keine Liebe. Treue ist für sie ein Fremdwort. Mein Gott, in der Türkei gibt es vielleicht kein Brot, aber die Menschen sind ehrenhaft. Hier sind sie übersättigt, aber schau dir ihre Gesichter an, keine Spur von Ehre.«

Ich wurde wütend, und mein Magen fing an zu schmerzen, als meine Freunde von diesem Kerl mit einer Handbewegung zu Huren und Zuhältern erklärt wurden.

»Ich dachte, du hast an der Uni studiert«, sagte ich und zitterte. »Ich sage dir«, fuhr ich fort, »das Brot zwingt jede Ehre in die Knie. Du hast die Türkei doch

nicht gekannt, kennst du überhaupt Türken, die hier leben?« Er schüttelte verneinend den Kopf.
Wieder schwiegen wir. Ali machte in der Küche einen Kaffee und kehrte zurück. Nur zögernd begann er von seiner Jugend in der Bundesrepublik zu erzählen: Die Mitschüler kränkten ihn, sie nannten ihn Kümmel-Ali und wollten außerhalb der Schule nichts mit ihm zu tun haben, auch die Mädchen, die ihn mochten, wollten sich nur heimlich mit ihm treffen.
»Vielleicht hast du Glück gehabt mit deinen Freunden, aber ich habe hier keinen einzigen gefunden.«
Er tat mir auf einmal leid. Irgendwie fühlte ich mich unwohl, weil ich in der Verteidigung meiner Freunde auch übertrieben hatte. Wie oft fühlte ich mich unter ihnen einsam? Wie oft mußte ich ihnen die einfachste Sache der Welt dreimal erklären, um festzustellen, daß sie nicht meine Sprache, sondern meine Sache nicht verstanden hatten. Aber Ali ließ mir keine Möglichkeit, wenn er alle Deutschen samt ihren Kindern verdammte, mußte ich die schützende Mauer um einige wenige hochbauen. Sie geriet mir immer zu hoch.
Es klingelte, und ich merkte, wie Ali unruhig wurde, aber als er mich dem großen, bärtigen Mann und seiner schönen Begleiterin mit »Hikmet, ein Türke« vorstellte, da verstand ich, daß er sich meiner schämte. Wie elend sich seine Mutter gefühlt haben muß, als Ali sich ihrer schämte, wußte ich erst an jenem Nachmittag. Es gibt nichts Schlimmeres für

einen Menschen, als so tief zu sinken, daß andere seine bloße Anwesenheit als Schande empfinden.

Ali tat so, als ob ich nicht mehr da wäre, er beschäftigte sich nur noch mit den beiden, die eng aneinandergeschmiegt in einem großen Sessel saßen. Sie unterhielten sich zu dritt über die neuesten Filme. Immer wieder erinnerte sich der bärtige Mann meiner. Er schaute über Alis Schulter, der nun auf einem Hocker mit dem Rücken zu mir saß.

»Wie geht's?« rief er, und ich antwortete: »Gut«, bis es mir langweilig erschien und ich nicht mehr antwortete, sondern meine Zigaretten rauchte. Ali stand auf, um einen Tee für die beiden zu machen, er fragte mich nicht, sondern sagte auf deutsch beiläufig: »Du trinkst auch einen.« Ich genoß es plötzlich, ihn mit meiner Anwesenheit zu quälen. Der bärtige Mann setzte sich nun aufrecht und schob seine Begleiterin zur Seite.

»Türkei viel schön, Deutschland nix Sonne... Deutschland viel Arbeit. Arbeit nix gut, nicht wahr?«

Ich musterte ihn, dann seine Begleiterin, die maskenhaft lächelte.

»Reden Sie immer so ein miserables Deutsch?« fragte ich. Beide schauten einander verlegen an und schüttelten die Köpfe. »Können Sie nicht Deutsch reden?«

»O doch«, murmelte der Mann.

»Sie sprechen aber perfekt Deutsch«, schmeichelte seine Begleiterin.

Beide sprachen kein Wort mehr mit mir. Sie wußten

nicht, daß ich mir diese zwei Sätze von einem Freund hatte beibringen lassen und sie oft wiederholt hatte, bis ich sie akzentfrei sprechen konnte, um sie solchen Typen vor die Nase zu knallen. Diese zwei Fragen hatten oft Wunder bewirkt: die Redseligen verstummten auf einmal.

Ich verließ das Haus, als mich das Ganze langweilte. Draußen war es sonnig und warm, aber ich zitterte vor Wut. Hatte ich wirklich dagesessen, um Ali zu quälen, weil er mich am liebsten loswerden wollte, oder war ich nur zu feige gewesen, um aufzustehen und zu gehen? Maria hätte ihm seinen Tee über den Kopf gegossen, wie ich sie kenne, und wäre schon nach fünf Minuten gegangen. Warum habe ich solche Angst vor der Zerstörung einer Illusion?

Mehrere Wochen waren vergangen seit dem letzten Besuch bei Ali, meine Magenschmerzen ließen mir keine Ruhe. Ich konnte nicht mehr gelassen den Namen Ali hören, und Maria quälte mich oft damit.

»Na, wo bleibt denn dein Freund? Wollte er uns nicht besuchen?« fragte sie immer wieder und lachte zynisch. Ob Maria vergaß, daß sie Griechin ist? In Griechenland spaßt man genausowenig wie bei uns mit solchen Dingen. Ich schrie sie oft an.

Weitere Wochen vergingen, und irgendwann war Ali kein Thema mehr.

Ich mied die Hauptstraße, um ihn nicht wieder zu sehen, und kam mir lächerlich vor.

Samstag morgen mußte ich einiges für den Haushalt

im Großmarkt besorgen. Als ich das Geschäft verließ, stieß ich fast mit Ali in der Tür zusammen. Er strahlte: »Bei Gott, wo bist du geblieben?«
Ich versuchte ihm zu erklären, daß unsere Wege sich für immer getrennt hatten, aber Ali schaute mich mit seinen traurigen Augen an: »So schnell vergißt du unsere Kindheit. Ich dachte, du bist mein Freund!«
Ich hätte heulen können, denn nun verstand ich gar nichts mehr. Ich sagte, ich müßte nach Hause, vielleicht könnten wir uns am Abend treffen und uns aussprechen. Er stimmte freudig zu.
Gegen neun Uhr machte ich mich auf den Weg. Ali wartete schon, er ging auf und ab und rauchte. Als er mich sah, strahlte er wieder, und wir gingen in die nächste Kneipe. Eine stickige Rauchschwade hing unter der niedrigen, schmutzigen Decke. Überall an den Wänden hingen Säbel und vergilbte Bilder von Militaristen, namenlose Gesichtslose standen in Reihen, kein einziger von ihnen schien zu lächeln.
Wir wählten zwei Plätze an einem Tisch, an dem zwei ältere Herren saßen; sie sahen in ihren alten Anzügen sehr ärmlich aus. Neben uns lärmten vier junge Männer mit schwarzen Lederjacken. Sie sangen Bruchstücke von Liedern, in denen Deutschland immer wieder erwähnt wurde, hoben mit lauten Parolen ihre Gläser und tranken. »Der Bahnhof ist ihnen nicht mehr gut genug!« rief einer der Männer, ein Kräftiger mit kurzgeschorenen Haaren.

»Ich weiß nicht, wohin wir uns in unserem eigenen Land noch verkriechen müssen«, entgegnete sein dürrer, glatzköpfiger Nachbar.
Meine Hände zitterten; Ali, der mit dem Rücken zu ihnen saß, klopfte auf meine Hand.
»Schau, wie ich es mache«, flüsterte er mir zu, zwinkerte, drehte sich zu ihnen und rief laut: »Einen schönen Abend wünsche ich Ihnen.«
Der Dicke schaute Ali verdutzt an und stotterte dann: »'n Abend.«
Ali drehte sich zum Ober. »Zwei Pils bitte.«
»Zwei Pils«, murmelte der Ober, der auf dem Weg zu uns war, und machte kehrt.
»Siehst du, wie die Schweine schnell zufriedenzustellen sind, man muß nur wissen, wie man mit ihnen umgeht«, flüsterte mir Ali zu, aber meine Knie zitterten heftig. »Ich habe schon andere Erfahrungen gemacht. Ein Haufen Dreckskerle sind das, die dich, wenn du nicht gepanzert bist, schon mit ihren Blicken verletzen. Bist du angeschlagen, fallen sie über dich her wie eine Meute hungriger Wölfe und machen dich fertig.«
Ich konnte das Geflüster von Ali nicht mehr verstehen, denn die vier Männer wurden immer lauter.
»... ab die Post!« hörte ich, und ihr widerliches Lachen gellte in meinen Ohren. Ich schaute die zwei älteren Herren an, die alles mithörten, sie lächelten verlegen und nippten an ihrem Bier, als hätten sie nichts gehört.

Plötzlich packte mich die Wut, und ich schrie Ali an: »Rede doch lauter!«
Mehrere Männer an benachbarten Tischen schauten zu uns her.
»Warum schreist du so?« fragte Ali.
»Mir hilft deine beschissene Haut nicht, hörst du denn nicht, was diese Kerle sagen?«
»Sie sind doch harmlos, schau her, wie ich sie kleinkriege«, brüstete sich Ali, drehte sich um zu den Vieren und hob sein Glas.
»Auf ein starkes, großes Deutschland!« rief er übertrieben laut. Die vier stockten in ihrem Gespräch und schauten ihn mit großen Augen an, wie benommen hoben sie ihre Gläser, und der Dicke rief: »Jawohl, auf ein großes Deutschland.«
Ali trank aus, die vier schauten einander an, dann flüsterte der Dicke irgendwas Unverständliches, und die anderen drei nickten zustimmend.
»Kommt doch her, es ist genug Platz an unserem Tisch«, rief der Dicke Ali zu, dann drehte er sich zum Kellner um. »Sechs Helle.«
»Komm, wir setzen uns zu ihnen und lachen über ihr Scheißdeutschland.«
Ich weiß nicht genau, wie ich es fertigbrachte. Es war eine brennende Wut in meiner Brust gegen die vier Neonazis, gegen die zwei älteren Mitwisser, aber auch gegen Ali und gegen meine Feigheit, eine Illusion zu zerstören. Ich stand auf und packte Ali am Kragen.

»Mit denen rede ich nicht, mit denen redet nur meine Faust!« schrie ich ihn an. Ali befreite angeekelt seinen Kragen aus meiner Hand.

»Nun mach doch kein Theater, hier sind wir nicht in der Türkei. Hier sind die Menschen zivilisiert. Entweder setzt du dich hin oder du gehst, aber mach bitte kein Theater, ja?« sagte er abfällig auf deutsch. Ich hielt es nicht mehr aus, schob den Stuhl mit meinem Fuß beiseite und stürzte hinaus, aber ich hörte noch einen der alten Herren fragen: »Was hat der denn ...?«

ZWISCHEN TRAUM
UND STRASSENBAHN

Es war schon Nachmittag. Ich hatte gerade den Korb mit Tomaten gefüllt und stieg auf das Pferd. Langsam ritt ich zum Dorf, um die Tomaten nicht zu zermatschen. Hinter mir saß die schöne Kassiererin aus dem Kaufhof. Sie flüsterte mir zu, daß sie meine Tomaten mag und daß sie auch mich mag. Sie legte ihre Arme um meinen Hals, und ich lehnte mein Gesicht an ihre weichen Arme; mein Stoppelbart kitzelte sie, und sie lachte. Auf der Höhe des Friedhofs angekommen, dachte ich, was für Augen wohl die Dorfbewohner machen würden, wenn sie diese Schönheit sähen.

Aber keiner der mir entgegenkommenden Bauern beachtete uns; nicht einmal die alte, strenge Maria. Ich wunderte mich und drehte mich nach der Kassiererin um: sie war weg, als hätte sie sich in Luft aufgelöst. Ich erschrak. In der Ferne läutete eine Glocke, sie wurde immer lauter ... und ich erwache in einem dunklen, kalten Zimmer.

Der Wecker ist besonders laut; es ist schon der zweite in diesem Jahr. Sein Vorgänger überlebte den ersten Schlag nicht. In der Dunkelheit höre ich Mustafa rhythmisch und furchtbar laut schnarchen.

Ich taste mich vorsichtig zum Lichtschalter, denn überall auf dem Boden verstreut liegt irgendwelcher Krempel herum. Ich mache das Licht an und werfe einen Blick auf Mustafa. Die Nacht ist wohl wieder lang gewesen für ihn, er schläft in Jacke und Hose – nur die Schuhe hat er ausgezogen. Er sieht komisch aus in seinem zerknitterten weißen Hemd.

»Mustafa!« rufe ich.

Er macht die Augen auf, aber er sieht mich nicht. Er sagt irgend etwas Türkisches mit viel »ü«.

»Aufstehen!!« brülle ich ihn an und schüttele ihn an der Schulter.

Er dreht sich langsam um, dann richtet er sich im Bett auf. Einen Augenblick lang beobachtet er seinen großen Zeh, den er anscheinend trainiert, indem er ihn vorwärts und rückwärts bewegt. Dann kratzt er sich am Kopf und fragt: »Regen?«

»Nein«, sage ich, »aber es ist kalt.«

Er steht auf und beginnt, sich auszuziehen. Ich gehe zum Waschbecken und sehe verzweifelt im Spiegel, daß mein Bart schon wieder gewachsen ist. Diese tägliche Quälerei macht mich noch wahnsinnig, aber der Chef verlangt es so: die Kunden sähen meinen Bart nicht gerne – als ob sie meinen Bart kaufen sollten!
Sieben Jahre ist es her, daß ich hierhergekommen bin, und ich lebe immer noch in diesem Loch und habe Schulden. Ich muß mich rasieren, weil ich meine Stelle nicht verlieren darf, sonst wird meine Aufenthaltserlaubnis nicht verlängert ... und das ist bald wieder fällig. Verrückt ist das, meine Existenz hängt von diesem miesen Bart ab. Ich suche eine ganze Weile die Rasiercreme und finde sie schließlich unter dem Waschbecken.
»Mein Chef sagt, ich nix gut, wissen, ich viel aribeiten, dann eine Sigarette rauchen, er kommen, sagen du fauler Türk – ich nix faul, aber nix gut immer Aribeit«, regt sich Mustafa auf.
»Meiner auch«, beruhige ich ihn und habe einen bitteren Geschmack im Mund.
Er schubst mich zur Seite und betrachtet lange sein Spiegelbild.
»Du bist schön«, bemerke ich hinterhältig.
Er winkt ab, ohne ein Wort zu verlieren.
Mustafa ist etwas dick, hat ein rundes Gesicht, ganz große schwarze Augen und eine ungewöhnlich kleine Nase. Es scheint ein kleiner Schuß indisches Blut in seinen Adern zu fließen. Wenn er nur auf

mich hören und auf diese dummen Krawatten verzichten würde. Er besteht aber darauf, und so sieht er aus wie ein pleite gegangener Pascha.

Mustafa hat sich wie jeden Morgen schnell gewaschen und schon das kleine Mokkakännchen auf die völlig verdreckte Kochplatte gestellt.

»Schinell«, sagt er, »du nix heute heiraten.«

Der Kaffee riecht gut. Gott sei Dank, daß es diesen Kaffee gibt. Ich setze mich auf mein Bett; Mustafa sitzt schon auf dem alten Stuhl mir gegenüber. Eine Kiste ist unser Tisch. Teeringe, Ravioliflecken und Asche haben ihr im Laufe der Zeit etwas Farbe gegeben. Ich zünde mir eine Zigarette an; wir haben noch eine Viertelstunde Zeit. Drei Minuten brauchen wir dann noch bis zur Haltestelle.

Immer diese Hetze, denke ich – und Mustafa schüttelt nachdenklich den Kopf, als habe er meine Gedanken erraten.

Armer Kerl, seit sechs Jahren in der Bundesrepublik und jedes Jahr nur zwanzig Tage bei seiner Frau in der Türkei. Sie wartet jedesmal sehnsüchtig auf ihn, um innerhalb von fünf Tagen die Nase voll von ihm zu haben. Scheißleben! Das sind die Augenblicke, in denen ich froh bin, daß ich in Walmatha niemanden habe, der auf mich wartet. In diesen Augenblicken bin ich frei. Aber mein Kopf stößt sehr schnell an das Glas dieses Aquariums, in dem man nur scheinbar frei schwimmen kann. Und dann finde ich meine Freiheit lächerlich.

»Was machen gestern?« fragt Mustafa unverbindlich, und ich antworte, wie so oft nach einem schlechten Abend: »Nix.«
Es war aber auch wieder ein sehr schlechter Abend, mit einem vielversprechenden Anfang und einer einsamen Bauchlandung im Bett.
Er schaut auf seine Digitalarmbanduhr, die er einmal für 39 Mark gekauft hat und gerne vorzeigt; dann sagt er wie jeden Morgen fast zur gleichen Zeit: »Auf geht's.«

Unterwegs sehe ich die alte Frau, die ihren Hund spazierenführt – eigentlich führt der Hund die Frau. Ein komisches Gesicht hat diese Frau, es ist dem ihres Hundes sehr ähnlich. Sie redet ihn liebevoll an, während er gleichgültig an einen Alfa Romeo pinkelt.
An der Straßenbahnhaltestelle stehen fast jeden Tag dieselben Leute.
Der Dicke mit der Bild-Zeitung und seiner stinkenden Zigarre, der man nicht anmerkt, ob sie schon ausgegangen ist oder nicht. Sie macht mich nervös. Eines Tages wollte ich ihm ein Streichholz anbieten, aber bevor ich dazu kam, rauchte die Zigarre wieder. Seine Glatze ist das einzige, was an seinem Körper tadellos glänzt. Sein Bauch quillt über den Hosenbund.
Zwischen ihm und dem Kartenautomaten steht wieder die kleine alte Frau mit der Hornbrille und starrt auf die Wand auf der anderen Straßenseite. Sie

scheint niemanden wahrzunehmen, ein unsichtbarer Mantel trennt sie von den anderen.

Vor ihr entdecke ich diesen schneidigen Typ – so Anfang Dreißig –, der immer voll fröhlicher Unruhe zu sein scheint. Er sieht gerade so aus, als freue er sich auf die Ankunft der Straßenbahn wie auf ein Rendezvous mit seiner Freundin.

Ich habe mich nie auf sie gefreut. Jeden Tag hoffe ich, daß irgend etwas sie aufhält – aber sie kommt immer pünktlich. Wenn sie dasteht, sind es immer dieselben Türen, durch die dieselben Leute einsteigen, und dieselben Plätze wie am vorherigen Tag, die sie einnehmen.

Mustafa und ich sitzen uns auf Sitzbänken gegenüber – ich mag keine Einzelsitze. Neben uns bleiben zwei Plätze frei, aber in sieben Jahren habe ich es während der langen Fahrt mit der Straßenbahn selten erlebt, daß sich jemand neben uns gesetzt hätte ... Am Anfang sagte Mustafa: »Viellei' wir schitinke.« Das aber stimmt nicht, auch wenn ich gerade geduscht habe, setzt sich niemand freiwillig neben uns.

Nach dem Bismarckplatz ist die Straßenbahn total überfüllt, zögernd setzen sich zwei der stehenden Frauen zu uns auf die freien Plätze, und wir rücken instinktiv weiter zum Fenster.

In der Straßenbahn ist es ruhiger als auf dem Friedhof in meinem Dorf. An diesem Morgen muß ich an Pfarrer Markus denken, der so gerne in einer solchen Stille Messe gehalten hätte. Der Arme wurde jedes-

mal fast wahnsinnig, weil die Leute in meinem Dorf nie ruhig saßen: sie erledigten ihren Tratsch, ihre Gemüsegeschäfte und ihre Spielstreitigkeiten in der Kirche ...
Die Stille hat Mustafa jeden Morgen gebrochen. – Das mag ich an dem Kerl. – Er findet dafür immer einen Grund: entweder ist ihm kalt, oder er sieht ein schönes Kind. Das muß er dann fragen: »Wie heißt du?« und so die arme Mutter verunsichern.
Mir schräg gegenüber sitzt der Dicke mit seiner Bild-Zeitung und seiner disziplinierten Zigarre, die während der ganzen Fahrt kein einziges Wölkchen von sich gibt. Jeden Morgen frage ich mich, was er wohl machen würde, wenn ich die Zeitung anzündete. Ich lache innerlich – komisch, daß ich diesen Witz nie langweilig finde.
Mustafa sitzt an diesem Morgen wortlos da und beobachtet die Menschen auf der Straße so genau, als ob er jemand suche.
Ich frage mich, was er in diesem Augenblick denkt. Seine Gedanken werden sich nicht sehr von meinen unterscheiden. Er schläft ja im selben Zimmer wie ich, gebraucht dieselben Dinge, arbeitet bei Karstadt im Lager wie ich beim Kaufhof, hat dasselbe Gehalt wie ich; seine Aufenthaltserlaubnis läuft zwei Wochen später ab als meine; er hat denselben Geschmack im Mund – Kaffee mit Zigaretten. Er fühlt sich bestimmt um sein Leben betrogen, wie ich.
Früher habe ich Türken gehaßt. Mein Vater sagte,

Türken sind feige, dreckige, hinterlistige Wilde. Mustafa ist genau das Gegenteil. Und er erzählt mir, sein Vater hat dasselbe von den Griechen behauptet. Er erzählte ihm auch, Gott sei auf ihrer Seite, so wie mein Vater bis zu seinem Tode fest daran glaubte, Gott sei persönlich auf unserer Seite.
Mustafa winkt einem Landsmann zu; dann dreht er sich zu mir um: »Kemal arbeitslos, vier Kinder, Frau krank, Türkei.« Kemal sah sehr bekümmert aus.
Die Straßenbahn fährt weiter.
Ich war lange arbeitslos, erst Tischler, dann die Baustelle und jetzt dieser gottverdammte Kaufhof. Ich habe meine Arbeitslosigkeit genossen, weil mich die Baustelle kaputtgemacht hatte. Mein Genuß ärgerte einige griechische Freunde; aber auch die Nachbarinnen, die mich vormittags bei co op anglotzten. Ich war jeden Vormittag dort. Manchmal habe ich nichts Besonderes kaufen wollen, aber ich wollte unter Menschen sein – na ja, und die Käseverkäuferin wiedersehen. Ich dachte damals, wir könnten gute Freunde werden, aber als unsere Beziehung anfing, war sie auch schon zu Ende. Ich hatte den ganzen Tag lang mein Zimmer aufgeräumt. Mustafa war in der Türkei. Eine Menge Dreck hatte ich rausgeschleppt, eine Kerze gekauft und den Kassettenrecorder mit drei Kassetten von Jannis geliehen. Ich legte die Kassetten so, als lägen sie zufällig da. Ich hatte viel Retsina und Nüsse und Salami gekauft – sie mag das. Sie wollte um sieben kommen. Vielleicht war es ihre

Verspätung, vielleicht war es auch meine Sehnsucht nach so vielen Jahren ohne Frau. Vierzehn Jahre lang mit demselben Wunsch ins Bett zu gehen macht jede Zärtlichkeit unmöglich.

Sie kam und war erschrocken, als ich nach einer Weile über sie herfiel. Ich hätte das vielleicht nicht getan, wenn es nicht schon neun Uhr gewesen wäre und sie um zehn hätte gehen müssen. Eine liebe Frau war sie, sie hatte noch nie was mit einem Gastarbeiter gehabt, und sie wird es auch nie wieder haben wollen, denke ich. Ich ging nach dieser Niederlage nie wieder zu co op.

»Marienplatz!« brüllt Mustafa mich an, und wir steigen aus, dann gehen wir noch eine Strecke gemeinsam, bis ich links zum Kaufhof abbiege. Mustafa geht noch hundert Meter weiter zu Karstadt.
Ich muß den ganzen Tag lang Gemüse vom Lager zum Gemüsestand bringen – eine langweilige Arbeit, immer wieder hin und her. Ich glaube, ich marschiere jeden Tag mehrere Kilometer. Das soll ein Ausgleichssport für Millionäre sein, sagte mir der Beamte im Arbeitsamt damals lächelnd.
Während ich meinen Kittel anziehe, taucht der Chef auf. Ein Deutschtscheche, der bemüht ist, deutscher als die Deutschen zu erscheinen: mitleidvoll freundlich und zurückhaltend kühl.
»Ich wünsche Ihnen einen guten Morgen, Herr Joa-

nides.« Er ist der einzige, der mich Herr nennt, trotzdem mag ich es nicht. Wenn er nur wüßte, wie mein Morgen aussieht ...

Hinten im Lager sehe ich den Jugoslawen Milovan. Er ist beschäftigt wie immer. Wir nennen ihn Tito. Er mag das nicht, aber er traut sich nicht, das zu sagen. Er hat seit fünf Jahren schlechte Laune und nörgelt auch heute wieder an dem Syrer herum, weil der alles frißt, was ihm in die Finger kommt und nicht aus Holz und Eisen besteht. Er sei, so erzählt mir Milovan, an vierzehn Aprikosen beinahe erstickt, die er zu schnell verschlungen habe, weil der Chef kam – der mag es nicht, wenn jemand ißt.

Ich stapele Tomatenkisten, fahre zum Aufzug und treffe dabei auf den Syrer Sami. Wir nennen ihn Muhammed Ali, weil er so stark ist, und er ist damit zufrieden. Er ist Student, aber ich habe ihn noch nie studieren sehen. Er guckt immer so, als wäre er auf der Flucht.

»Wie geht's?« frage ich lächelnd.

»Schlecht«, sagt er wie immer, obwohl es ihm offensichtlich saugut geht.

Ich frage wie immer: »Warum?«

»Meine Freundin ist abgehauen.«

»Warum?« frage ich, ohne mich um den Aufzug zu kümmern.

»Ich habe doch immer Pech«, beklagt er sich. »Sie hat jemand im Urlaub kennengelernt ...«

Ich unterbreche ihn: »Geld mußt du haben, Muham-

med Ali, nix Muskeln, Geld, mein Freund«, und ich schiebe den Wagen in den Aufzug, der gerade wieder gekommen ist. »Bis später«, sage ich.
Der Aufzug fährt mich zur Verkaufshalle im Erdgeschoß. Dort entleere ich die Kisten in einen Sonderangebotskasten, und schon bin ich wieder auf dem Weg zum Lager. Dort stehen in einer Viertelstunde die Lastwagen mit dem neu angekommenen Gemüse zum Entladen bereit.
Der Chef erscheint mit einer Menge Zettel in der Hand. Mit seinem weißen Kittel sieht er aus wie ein Arzt, und er hat auch die nötige Würde dazu.
»Herr Joanides, kommen Sie mit.«
Ich weiß, daß es irgendwo anders etwas zu tun gibt.
Wir gehen die Treppe hinauf. Die Gänge hinter den Verkaufsräumen sehen düster aus. Ich weiß nicht, warum ich bei diesen Eisenstufen und Gittern immer an mein Gefängnis in Griechenland denken muß.
In der Stoffabteilung erklärt mir der Chef die neue Lage. Zwei Leute fehlen, und ich muß mit einer Hilfskraft und der alten Frau, die dort arbeitet, große Stoffrollen auf kleine zu je 50 oder 100 Metern abwickeln. Sie werden dann auf einen Wagen gestapelt und zur Verkaufsstelle geschickt. Die Hilfskraft ist ein Schüler. Wir fangen an, ich habe das schon öfter gemacht. Irgendein anderer übernimmt jetzt das Entladen der Lastwagen. Ich fange an zu messen, der Schüler wickelt den Stoff auf ein kleines, flaches Holzstück, und dann schneide ich. Ob Gemüse oder

Stoff, das ändert nichts. Was kann einem Nackten im Regen ein Eimer Wasser ausmachen, den man über seinen Kopf ausschüttet.

Die Frau kann wahrscheinlich mit uns beiden nichts anfangen. Sie erinnert mich an Elfriede, die alte dicke Chefin in einer amerikanischen Soldatenküche, in der ich vor ein paar Jahren jeden Abend gearbeitet habe. Weil ich zuviel redete, bestrafte Elfriede mich jeden Abend mit einer Versetzung vom Gläserspülen zum Töpfewaschen. Mein Leidensgenosse war ein netter Kerl, der Elias hieß. Wir lachten uns damals halbtot über sie. Aber hier in der Stoffabteilung gibt es nichts zu lachen.

Der Schüler fragt mich alle halbe Stunde: »Wie spät ist es?« Als es Mittag wird, rennt er davon – er muß seine Freundin sehen.

Ich schleppe mich zur Cafeteria. Dort sitzen schon der Syrer, Milovan und Giovanni, der Italiener aus der Fleischabteilung, an einem Tisch. Mein Platz ist noch leer. Ich setze mich zu ihnen.

»Stoffabteilung«, sage ich, um ihnen die Frage zu ersparen.

»Wie war's?« fragt der Syrer.

»Langweilig«, erwidere ich.

Das Essen schmeckt nach gar nichts. Der Italiener witzelt über die großartige deutsche Phantasie, immer gleich schmeckenden Breien und gekochtem, fettem Leder die appetitlichsten Namen zu geben.

Der Syrer beugt sich über den Tisch – wenn er diese

Miene aufsetzt, hat er immer etwas Wichtiges zu erzählen – und sagt: »Die Kassiererin war mit dem Chef!«
Ein »Aha« des Italieners ist so laut, daß der Syrer beinahe aufgehört hätte zu reden.
Er versetzt dem Italiener einen Schlag in den Bauch und redet weiter: »Nicht zu wundern, wenn sie so ein Arschloch als Mann hat.«
Er muß es ja wissen, er steckt seine Nase überall rein. Ich schaue rüber zur Kassiererin – schöner sieht sie aus als in meinem Traum.
Ich entdecke den Spanier José, der von uns nichts mehr wissen will, seit er mit einer älteren Frau von der Kleiderabteilung verheiratet ist. Er winkt mir diskret zu, und ich grüße ihn so laut mit einem »Wie geht's?«, daß er ganz rot wird. Er nickt schnell und versinkt in seinem Stuhl. Seine Frau sitzt mit dem Rücken zu uns; sie dreht sich kurz um und macht sich nicht einmal die Mühe eines Lächelns.
Der Italiener macht einer jungen Frau unauffällig schöne Augen. Nur der Jugoslawe ißt genüßlich und langsam den Brei. Er denkt vielleicht an sein Haus, das nie fertig wird, und hört daher nicht zu. Nur wenn wir uns übers Bauen unterhalten, klagt er über die Preise. Er weiß ziemlich alles über Holz, Zement und Eisen.
Über tausend Meter Stoff rollen wir am Nachmittag aus. Der Schüler sieht traurig aus. Er spricht wenig und geht oft auf die Toilette. Die alte Frau jammert

dauernd über seine Arbeitsmoral. Ich habe Mitleid mit ihr, sie führt die Arbeit schon automatisch aus; sie will nicht, daß man ihr die Anstrengung anmerkt, aber an ihrem gespannten Gesicht, an ihren müden Händen sind die Spuren der monotonen Arbeitstage nicht zu übersehen. Ihre Kleider sind schmucklos. Sie sitzt in der Cafeteria immer allein, keiner kümmert sich um sie ... Ich habe früher einmal versucht, mit ihr zu sprechen, aber ihr Mann ist in Jugoslawien gefallen, und sie hält die ganze Mittelmeerküste für Jugoslawien. Was ihr Mann getan hat, ist ihr egal – man hat ihn ihr genommen. »Grieche, Jugoslawe, das ist dasselbe«, sagte sie mir einmal. Recht hat sie, denke ich. Ihren Mann hat sie nur einen Monat lang gekannt, und schon verschwand er im Krieg. Sie bekam dann irgendeinen Brief, in dem seine Tapferkeit gelobt wurde – nicht einmal darauf ist sie stolz. Sechzig Jahre alt ist sie jetzt. Es scheint, als habe sie in jenem Monat mit ihrem Mann die Erfahrung ihres ganzen Lebens gemacht. Seither arbeitet sie, ißt, schläft und wacht auf, um die Zeit bis zum Tod zu überbrücken...

Die Rolle mit dem schönen blauen Samt fasziniert mich. Wie oft hat meine Schwester in Walmatha von einem samtenen Kleid geträumt. In meinem Dorf gab es aber keinen so schönen Stoff. Wenn sie in Thessaloniki einen gesehen hatte, sprach sie abends nach ihrer Rückkehr von nichts anderem. Kaufen konnten wir so etwas nie – und noch weniger kann es heute ihr Mann. Was macht dieser faule Hund jetzt wohl? Vielleicht sitzt er im Café am Dorfplatz ...

»Feierabend«, sagt die alte Frau, ohne auf die Uhr zu sehen. Es erstaunt mich immer wieder, daß sie die Uhrzeit auf die Sekunde genau weiß – vielleicht zählt sie die Sekunden.

Ich lasse die Rolle mit dem Samt auf dem Tisch zurück und beeile mich, zur Stechuhr zu kommen.

Der Syrer steht schon draußen, es sieht immer so aus, als laure er die ganze Zeit vor der Stechuhr, denn egal, wie schnell ich fertig bin – er ist schon längst da. Milovan schleppt sich schwerfällig herbei und stellt sich brav hinter mich, obwohl das nicht nötig wäre, irgendwie muß er immer in Reihen stehen. Er stöhnt, er geht jetzt noch Teller waschen bei den Amis, sein Haus muß fertig werden.

An der Haltestelle stehen dieselben Leute wie jeden Feierabend, mehrere Verkäuferinnen und Gastarbeiter – wahrscheinlich aus Polen oder Rumänien; sie sehen immer abgekämpft aus. Vielleicht bauen sie auch Häuser, wie Milovan.

Eine innere Stimme zerstört meine Überheblichkeit: Hatte ich Idiot nicht dasselbe im Kopf gehabt? Aufgegeben habe ich es! Das ist die Einsicht eines Soldaten nach einem verlorenen Krieg. Aber was werden diese armen Kerle von ihren Häusern haben? Sie sehen mit vierzig verbraucht und krank aus.

Als ich aus der Straßenbahn aussteige, überfällt mich plötzlich die Angst, ein Brief mit schlechten Nachrichten könnte schon auf mich warten.
Mein kaputter Briefkasten ist aber leer – nicht einmal Reklame liegt drin. Das macht mich wahnsinnig wütend.
Im Treppenhaus riecht es köstlich nach Auberginen und Knoblauch. Das mag ich sehr. Wahrscheinlich kommen die Düfte wieder aus der Küche von Fatima, der Frau des Kurden Ali – sie kocht sehr gut.
Das Treppenhaus ist dunkel. Die letzte Glühbirne ist vor Monaten kaputtgegangen – man muß vorsichtig sein, vor allem im dritten Stock, wo außerdem noch ein Stück Geländer fehlt. Die Türen stehen meist offen. Nur die Wohnung des Italieners Giuseppe ist verschlossen – er liegt im Krankenhaus; seine Landsleute haben ihn zusammengeschlagen. Ein armer Kerl, denke ich, als ich an seiner Tür vorbeigehe.
Ich öffne die Tür unseres Zimmers, und der Gestank von alten Socken schlägt mir entgegen. Ich öffne das Fenster und nehme mir vor, heute aufzuräumen. Seit Monaten haben wir das nicht gemacht. Wer war das letzte Mal dran? Mustafa. Nun gut, aber erst werde ich eine Zigarette rauchen.
Ich setze mich auf mein kaputtes Bett, das mich wie ein Krake verschluckt. Mir gegenüber ist eine Wand voller Bilder mit nackten Frauen. Die eine lacht ein wenig menschlich, was macht sie jetzt wohl? Lebt sie noch? Bei dem Anblick dieser Bilder packt mich eine

innere Wut. Ich würde sie in diesem Augenblick am liebsten von der Wand reißen ...
Die Zigarette schmeckt scheußlich. Ich mache sie aus und fange an aufzuräumen: es ist wieder ein Haufen Dreck, Zigarettenkippen, Dosen. Wie oft hat meine Mutter das gemacht? Ob sie sich für die hundert Mark monatlich etwas gönnt, anstatt es für mich zu vergraben? Die Drachme ist billig, aber hundert Mark sind nicht viel.
Als ich mit dem Aufräumen fertig bin, sieht das Zimmer noch schlimmer aus als vorher. Ich will die drei Abfalltüten gerade zur Mülltonne bringen, als Mustafa lächelnd und durchnäßt hereinkommt.
»Allahu Akbar!« ruft er aus und reibt sich die Hände.
Als ich zurückkomme, steht er am Waschbecken.
»Du heute rausgehen?«
Ich habe bei diesem schlechten Wetter keine Lust – er auch nicht.
Ich will ein wenig schlafen, lege mich hin und beobachte Mustafa, wie er eine Sardinendose, Oliven und eine Zwiebel auf einen Stuhl vor seinem Bett stellt. Dann setzt er sich hin und fängt an zu essen. Ich habe eigentlich auch Hunger, aber der Ekel vor den Aldi-Ravioli, die ich noch übrig habe, macht mich satt.
»Spielst du Taule?« frage ich, weil ich zu nichts Lust habe.
»Ja, ja!« ruft Mustafa begeistert.
Ich hole den Taule-Spielkasten und stelle ihn auf die Kiste. Mustafa beeilt sich mit dem Essen.

»Du auch Bier?« fragt er.

»Ja«, sage ich, und wir fangen an.

Er spielt verdammt gut. Die erste Runde gewinnt er, die zweite auch. Das Bier schmeckt nicht.

»Es ist ein schlechtes Sonderangebot«, sage ich zu ihm und werfe die Würfel. Ich brauche mindestens zwei Fünfen, um die dritte Runde zu gewinnen, bekomme aber eine Zwei und eine Drei.

Das reicht nicht, und Mustafa freut sich. »Schilecht, schilecht«, sagt er immer wieder. Beim Einordnen der Steine für die vierte Runde fängt er an, mich zu ärgern: »Du Taule-Schule gehen. Du nix schinell spielen.«

Ich lache, um meinen Ärger zu überspielen.

Da klopft es. Wir starren beide auf die Tür.

»Ja!« schreit Mustafa. Mehmet, der Automechaniker, tritt ein. Wir stehen auf und begrüßen ihn mit einem kräftigen Handschlag.

Mehmet redet aufgeregt mit Mustafa, der ganz starr wird. Immer wieder fällt das Wort »Boskurtlar«. Ich verstehe es, weil Mustafa mir von ihnen erzählt hat.

Mehmet greift mit der rechten Hand nach seinem Schnurrbart, während er die linke zum Schwur erhebt und dabei gen Himmel blickt. Ich entnehme seiner Handbewegung, daß irgendeiner von diesen »Grauen Wölfen« einen Freund von Mustafa und Mehmet mit Ketten oder einem Seil zusammengeschlagen hat.

Mustafa wird wütend, er stößt die Bierflasche um,

ohne es zu merken, und sie kotzt ihren schlechten Inhalt auf den Boden. Ich beeile mich, sie wieder hinzustellen. Mustafa holt seine Schuhe aus dem Karton unter dem Bett, zieht schnell eine alte Lederjacke an und verabschiedet sich erregt: »Salam!«
Mehmet sieht mich mit traurigen Augen an und sagt: »Anschuldugung.«
Ich wäre gerne mit ihnen gegangen, aber ich habe Angst vor den Behörden und ihren Aufenthaltsgenehmigungen – noch mehr als vor solchen Schlägertypen, die uns auch hier in der Fremde verfolgen.
Mehmet stürzt aus dem Zimmer und Mustafa hinter ihm her.
Ich stehe allein da, aber bevor ich mich setzen kann, kommt Mustafa wieder reingerannt, holt sein Klappmesser aus dem Schrank und sagt nur: »Vielei' besser« und ist schon wieder draußen.
Ich setze mich wieder in meinen Kraken und starre die Schaumsäule an, die die Flasche von Mustafa füllt. Die geordneten Steine des Taule sehen aus wie eine Armee vor dem Sturm. Ich klappe den Deckel zu, und die fallenden Steine trommeln zum Angriff. Ich lege mich ins Bett.
Weit weg in der Bahnhofstraße stehe ich plötzlich in einem blutverschmierten Hemd. Das Messer in der Hand, schlage ich um mich. Ich sehe die alte, strenge Maria aus meinem Dorf. Sie rennt verängstigt weg. Viele Wölfe und Schäferhunde greifen mich an – so groß habe ich die Zähne der Schäferhunde noch nie

gesehen. Mehmet verteidigt sich mit einer Kette in einem anderen Rudel. Dann aber rutscht er und stürzt. Die Wölfe fallen über ihn her. Die Straße hat viele Fenster, hinter denen Menschen mit unbewegten Mienen der Schlacht zuschauen. Ich stürze zu einem Rad, das dort steht, und rase davon. Am Ende der Straße liegt ein See, ich sehe mich um – alle Wölfe sind hinter mir her. Ich schwebe weiter, über das Wasser, über die schäumenden, dunkelblauen Wellen. Die Wölfe bleiben am Ufer zurück. Das Wasser hinter mir färbt sich blutrot. Ich erreiche das andere Ufer, steige über ein altes Gemäuer und schreie um Hilfe ...

Aber tief in den Straßen hallt das Geräusch der Autos und die Glocke der Straßenbahn so laut, daß niemand meine Hilferufe hört. Die Glocke wird lauter und lauter. Sie kommt auf mich zu, ich bekomme Angst, weil ich nicht sehe, aus welcher Richtung sie kommt ...

Ich erwache und schlage auf den Wecker.

KAKTUS ODER ZITRONE

Ein kleines schmales Zimmer: In der rechten Ecke eine schäbige Holztür, an der Wand daneben ein zerwühltes Bett und in der linken Ecke ein Schrank. Ein Griechenland-Plakat mit vielen weißgetünchten Häusern, einer kleinen Kirche und blauem Meer schmückt die Wand über dem Bett. Dem Schrank gegenüber an der rechten Wand befinden sich nacheinander: ein Waschbecken, ein alter Kühlschrank – auf dem eine Kochplatte, eine halbvolle Zuckertüte und eine Kaffeedose stehen – und ein weißer Heizkörper. Durch das Fenster darüber schaut ein grauer Himmel ins Zimmer herein. Auf der Fensterbank liegt eine Zitrone neben einem Kaktus im Pla-

stikblumentopf. Ein kleines Schild trägt die Aufschrift: Lobevia cevasiflora / *Kirschroter Andenkaktus. Auf dem unteren Teil des Schildchens klebt noch ein Preisetikett: 4,50 DM. Ein kleiner Tisch rechts vom Fenster ist mit schmutzigen Tellern, einem Messer und einem überfüllten Aschenbecher bedeckt. Auf einem Stuhl davor liegen zwei mit schmutziger Wäsche vollgestopfte Plastiktüten.*

Jorgos kommt ins Zimmer. Er trägt eine Tüte in der Hand, geht auf den Kühlschrank zu, öffnet ihn und stopft den Inhalt der Tüte hinein. Dann zieht er seine Jacke aus, reibt sich die Hände, schaltet die Kochplatte ein und stellt ein Mokkakännchen darauf.

ZITRONE: Siehst du? Mein Bruder ist heute sehr müde, denkt bei diesem Wetter bestimmt an seine Heimat, den Süden.

KAKTUS: Kann sein, aber wieso denn dein Bruder – du eitle Zitrone.

ZITRONE *(selbstsicher):* Er kommt aus dem Süden und trägt still und blaß den Geruch der trockenen Erde, wie ich.

KAKTUS *(etwas laut):* Daß ich nicht lache! Ein Kaktus ist er! Mich trägt er von einem Zimmer ins andere und von einer Stadt in die andere, nur weil er sich selbst in mir wiederfindet.

ZITRONE *(nervös):* Du stachliger Nichtsnutz – siehst du denn nicht, wie er jeden Tag seine Kraft hergibt, um abends in diesem grauen Zimmer hier zu landen?

So ist die Gattung der Zitronen, und da habt ihr Kamelblumen nichts zu melden.

Jorgos nimmt das Kaffeekännchen von der Kochplatte, zögert kurz, dann setzt er sich aufs Bett. Er zündet sich eine Zigarette an und schlürft seinen Kaffee. Einen Augenblick lang sieht er aus dem Fenster – dann steht er auf und betrachtet lange das Plakat. Stehend trinkt er seinen Kaffee weiter, während sich seine Augen auf den täglichen Spaziergang in den vertrauten Dorfgassen hinunter bis ans Meer begeben.

KAKTUS: Du solltest nicht vergessen, daß er die kalte Wüste des Nordens schon zehn Jahre lang überlebt hat. Ihr, die Zitronen, seid mit den Mimosen verwandt, ihr könnt keine Kälte und keinen Durst überleben. Nein, ein tapferer Kaktus ist er.
ZITRONE *(aggressiv):* Tapfer?! – Was für ein Quatsch! Er gibt zwar seinen Saft seit Generationen, aber ohne ins Auge seiner Peiniger zu spritzen, wie es jede Zitrone von Geburt an lernt. Ein dummer Bruder ist er.
KAKTUS: Und was sagst du zu den Stacheln, die seine Haut in letzter Zeit bekommen hat? Seine Peiniger werden sie noch zu spüren bekommen.

Jorgos stellt die Tasse auf den Boden, krempelt die Ärmel seines Hemdes hoch und drückt mit seinen Fingern auf die von Terpentin ausgetrocknete Haut seines Armes; er dreht sich zum Fenster, um die Rötung besser sehen zu können.

Kaktus: Was habe ich gesagt?! Stacheln bekommt er. Er ist ein Kaktus.

Die Zitrone knirscht vor Wut, ihre Haut bekommt Runzeln und Falten ... und der Kaktus noch an diesem Abend eine rote Blüte.

DIE ABENTEUERLICHE REISE
DES JÄGERS UMAQ
ODER
ALS DIE ROBBE STARB

Die Hunde zogen mühsam den Schlitten; sie kämpften gegen den eisigen Wind, der sturmartig über die vereiste Ebene zog.
Umaq saß auf seinem Schlitten, eingehüllt in sein altes, verschmutztes Fell, das er schon seit fünf Jahren trug. Sein Gesicht sah düster aus, und die Eiszapfen in dem dünnen Bart verliehen seinem Kopf

die Züge eines Steines in dieser erbarmungslosen Landschaft.

Tief in der Dunkelheit funkelten die kleinen Lichter des Dorfes Siorapaluk md etwas weiter nördlich, wo die Iglus lichtlos mit der dunklen Landschaft verschmolzen, lag seine Siedlung.

Seine Jagd hatte lange gedauert, aber er hatte weit und breit keinen Bären gesehen, ja noch nicht einmal eine Robbe aufgescheucht. Noch zwei Stunden würde die Fahrt dauern, dann wäre er zu Hause.

Doch was sollte er seiner Frau Tutlik erzählen? Von den vielen toten Tieren, die er unterwegs gesehen hatte? »Das weiß doch jeder«, murmelte Umaq. Er schüttelte angewidert den Kopf, als er daran dachte, daß ihnen nur noch dieses scheußliche Dosenfleisch bleiben würde.

»Dosen machen uns krank«, hatte der Schamane vor kurzem zu ihm gesagt.

Was würden die Männer nun von ihm denken, nachdem er seiner Frau beim Abschied laut zugerufen hatte, er werde mit einem prächtigen Eisbärfell und mit genug Fleisch für den ganzen Winter zurückkommen.

»Man muß klug und tapfer sein«, hatte er noch am letzten Abend vor der Abfahrt geprotzt. Das war vor einer Woche, und jetzt kehrte er erschöpft und halbverhungert zurück.

Überall hatte er nur Bagger, Bulldozer und große

Lastwagen gesehen. Sie bohrten die harte Erde mit ohrenbetäubendem Getöse auf...

»Die Dänen sind schlimm, aber diese Deutschen lassen keinen Fußbreit Land in Ruhe.«

Damit hatte der Schamane recht gehabt. 1953 hatte Umaq als zehnjähriges Kind die Übernahme Grönlands durch die Dänen erlebt. Keiner verstand am Anfang, was das bedeutete. Damals unternahmen die Dänen auch nur wenig. Dann aber kamen Flugzeuge, die die Ruhe der Insel zerstörten; ihre Rollbahnen begannen die Küsten zu zerschneiden. Viele Inuit gaben das Wanderleben auf und verdingten sich als Hilfsarbeiter in den neu entstandenen Städten und in den Minen. Umaqs Schwager Ussarqak zog von seinem Dorf an der Nordküste über 300 Kilometer in den Süden, bis er in der Nähe von Marmorilik nach langer Suche Arbeit fand. Dort schuftete er sich in den Bleiminen kaputt und soff am Feierabend. Umaq hatte ihn noch vor drei Jahren besucht – kurz bevor sich seine Schwester aus Verzweiflung mit dem Jagdgewehr eine Kugel in den Kopf geschossen hatte. Seitdem hatte er nichts mehr von seinem Schwager und Freund Ussarqak gehört.

»Die Maschinen dröhnen und erschüttern die Welt. Was hilft es, wenn wir uns leise an die Tiere anpirschen... das ist doch lächerlich – und wenn sie stehenbleiben, sind sie schon am Verenden... vergiftet!«

Umaq erinnerte sich an den Jäger, der ihm dies erzählt hatte – ein komischer Kerl war er, ausgemergelt und besoffen, mit einem plärrenden Transistorradio auf dem Schlitten.

Dieser Besoffene hatte ihn am Arm gefaßt: »Die toten Möwen, die vom Eis starr in den Himmel blicken, hör genau hin, sie zählen ihre Mörder. Ich bin zu alt und höre nicht mehr gut. Hör du sie doch, mein Junge...«

Umaq sah unterwegs viele dieser Vögel. Einmal hielt er an, kniete sich neben sie und lauschte auf das leise Rauschen des Windes in ihren geöffneten Schnäbeln, aber er verstand nichts.

Der Weg war steiler geworden; die Hunde zogen vergeblich an dem schweren Schlitten. Ihr Heulen riß Umaq aus seinen Gedanken.

Während er sie anfeuerte, half er ihnen und schob den Schlitten ein Stück. Die Hunde zogen und zerrten, und Umaq rannte so lange neben dem Schlitten her, bis sie die Anhöhe erklommen hatten. Dann sprang er auf, und die Hunde zogen ihn in den dunklen Schlund der flachen Ebene.

Als Umaq die Siedlung erreichte, war es schon sehr dunkel. Seine Frau stand vor dem Iglu. Sie sah den Schlitten in der Ferne kommen und kroch nochmals hinein, um zu sehen, ob drinnen alles vorbereitet sei.

Als Umaq seinen Iglu fast erreicht hatte, kam Tutlik ihm entgegen. Er hielt an, und ohne sie zu grüßen, sprang er vom Schlitten, nahm seine Stoßharpune, das lange Seil und einen zusammengewickelten Sack. Seine Frau fing an, die Hunde vom Schlitten zu lösen.

Umaq kroch in den Iglu und setzte sich neben die Tranlampe, während seine Frau noch eine Weile mit den unruhigen, hungrigen Hunden beschäftigt war. Langsam begann er seine Schuhe aufzubinden, immer wieder hielt er inne und blickte auf seine Hände, drehte sie hin und her und band dann seine Schuhe weiter auf.

»Nichts habe ich gesehen ...«, sagte er zu seiner Frau, als sie in den Iglu hereinkroch.

»Weit und breit nur verseuchte Tiere und Maschinen ...«

Tutlik saß ihm schweigend gegenüber, schließlich holte sie aus der Ecke eine Fleischdose, die sie vom Händler im Nachbardorf gekauft hatte.

»Ich will nicht essen«, sagte er.

»Aber deine Reise war lang, und du siehst erschöpft aus«, widersprach sie leise.

»Und ob, aber ich will nichts essen. Diese verdammten Dosen ...«

Seine Frau begann zu weinen. Umaq hatte sie noch nie weinen sehen.

»Was ist denn los?«

»Was soll ich machen? Alle Leute gehen ins Dorf, sie wollen nicht zurück. Sie wohnen dort in warmen Häusern, arbeiten ein paar Stunden und haben immer etwas zu essen. Nur du hängst an deinem Schlit-

ten und an dem Schamanen. Er ist ein böser Mensch, und er will, daß wir alle hier verrecken.«
Umaq verehrte den Schamanen sehr und konnte keine Kritik an ihm vertragen.
»Halt den Mund, der Schamane ist ein weiser Mann, und du bist eine Frau, du verstehst das nicht.«
»Aber ich sehe, was mit unserer Siedlung passiert, wir können den Winter kaum überleben.«
»Ach, überleben – wozu, wenn du im Dorf für die Dänen arbeiten mußt, um den Krach zu hören und in Holzkisten zu leben?«
Umaq dachte an seine Schwester, wie sie in einer der großen Holzkisten taumelte und das Gewehr aus ihrer Hand zu Boden fiel. Er schwieg und verharrte mit vor der Brust gefalteten Händen, bis er einschlief. Seine Frau schob ihn in die richtige Lage und wickelte ihn in sein Fell ein, dann legte auch sie sich schlafen.

Die Mittagszeit war schon überschritten, als Umaq aufwachte, er kroch aus dem Iglu. Der Himmel war klar, aber die Sonne spendete keine Wärme. Eisige Kälte herrschte.
Seine Frau stand neben dem Iglu und unterhielt sich mit der Nachbarin Nivigka, die gerade aus dem Dorf kam. Umaq sah sie beide an und grüßte lächelnd.
»Der Schamane will dich sprechen«, sagte Tutlik.
Umaq schüttelte den Kopf und ging auf den Iglu des Schamanen zu. Vor dem Iglu saßen mehrere Jungen

und spielten mit einem schwarzen Welpen. Wenn er knurrte, schrien sie wild.

Umaq lächelte und rief den Kindern zu: »Gebt acht auf seine Mutter, die sieht das nicht gerne.«

Der Schamane, ein kleiner alter Mann, sprach immer leise. Als Umaq zu ihm kam, saßen bereits mehrere Männer beim alten Weisen.

»Da bist du ja«, schallte es ihm tadelnd entgegen.

»Die Jagd war anstrengend«, antwortete Umaq leise und setzte sich auf einen kleinen Hocker.

»Es ist schwer geworden, nur einen winzigen Heilbutt zu fangen. Eisbären gibt es schon seit Jahren nicht mehr, und für die wenigen Robbenfelle bekommen wir kaum das Futter für die Hunde. Nächtelang habe ich mit unseren Ahnen gesprochen, und sie haben mir bedeutet, daß meine Stunde naht. Sie warnten uns davor, in diese verdammten dänischen Städte zu ziehen. Dort können sie uns unter den vielen Lichtern nicht mehr finden. Sie haben mir erklärt, daß sich unsere Leute dort in den Tod stürzen, weil sie von den Geistern ihrer Ahnen verlassen werden. Ich bitte euch hierzubleiben, laßt meine Seele nicht verzweifelt über dem Eis nach euch suchen, ich will euch später in euren warmen Iglus besuchen, aber nicht in diesen verfluchten Holzkisten.«

Der weise alte Mann holte tief Atem, und es herrschte Stille, die nur vom Geschrei der tobenden Kinder unterbrochen wurde. Die Gesichter der Männer sahen traurig aus.

»Umaq, du bist der tapferste Jäger hier. Du mußt nach Deutschland aufbrechen, von wo diese Maschinen kommen, es muß ein gewaltiges Volk sein. Du mußt zu ihnen gehen und sehen, was ihr Geheimnis ist. Bei denen mußt du arbeiten, nicht bei den Dänen. Du wirst dort der Beste sein, genau wie hier, zeig ihnen, was du kannst, und sie werden dich mit Fell und Fleisch belohnen. Du mußt sparsam sein und bald zu uns zurückkommen.«

»Und wenn sie keine Felle und keine Robben haben?« fragte der Sohn des Schamanen.

»Schweig, ich weiß genau, daß sie alles haben! Diese Maschinen, die sie hierherschicken ... sie suchen gar nichts; sie scheuchen unsere Tiere nur in riesige Fallen, die sie vorbereitet haben. Kluge Jäger sind das. Du mußt dich in acht nehmen, Umaq. Du mußt ihnen zeigen, wie du einen Wal mit einem Wurf triffst. Sag ihnen, sie sind vielleicht listiger als wir, aber nicht mutiger. Hier ist alles, was du brauchst.«

Auf einen Wink des Schamanen holte einer der Männer eine Steinplatte aus einem Fell.

»Sieh es dir genau an.«

Umaq nahm die schwere Platte und wollte lesen, was darauf stand.

»Halt!« rief der Schamane. »Du hast genug Zeit, das später zu lesen ...«

Umaq verstand: Er sollte nicht vor allen Gästen die Geheimnisse des Greises ausplaudern.

»Wenn du Schwierigkeiten hast, wird dir die Tafel

deine Fragen beantworten«, sagte der alte Mann, »und nun geh. Du hast nicht viel Zeit, bevor das Meer zufriert. Laß deine Frau hier, in der Fremde wäre sie dir eine Last. Du sollst dort nicht an sie denken und sie doch nicht vergessen.«
Umaq nickte.
»Und wenn dich der Wind behindert, dann denke an unseren Held Tusilartoq«, fügte der Schamane hinzu.
Umaq kannte die Geschichte von Tusilartoq. Eines Tages ging er mit seinem Kajak auf die Jagd und wurde in das weite offene Meer getrieben. Unfähig, gegen den Wind zu paddeln, hätte er fast aufgegeben, da erspähte er aber eine weiße Seemöwe, die ein magisches Lied sang, das ihr den Weg bahnte. Tusilartoq lauschte aufmerksam der Melodie, bis er sie kannte. Dann sang er sie gegen den Wind und kam sicher nach Hause.

Umaq verabschiedete sich vom Schamanen, nahm die Tafel und ging hinaus. Mehrere Frauen standen um ein altes, mit Eis gefülltes Faß und warfen kleine Holzstücke in das Feuer darunter, um das Eis zu schmelzen. Viele Kinder standen um den warmen Herd und streckten die kleinen Hände der spärlichen Wärme entgegen. Schlittenhunde lagerten überall in der Siedlung und dösten, während ein leichter Schneefall ihre Rücken puderte.
Als Umaq seiner Frau erzählte, was der Schamane befohlen hatte, war sie sehr stolz. Dann sprang sie auf

und rannte zu den Nachbarn. Sie tauschte zwei Dosen Fleisch gegen einen Heilbutt, das Lieblingsgericht Umaqs, und kam schnell zurück. Als er sie mit dem Fisch sah, spürte er plötzlich, wie hungrig er war.

Nach dem köstlichen Essen stand er auf.

»Nun, es ist soweit, ich muß hinunter zum Meer.«

Seine Frau lächelte. Es schneite noch immer, die Flocken waren groß, der Wind still, und die Wolken hingen tief über dem Fjord. Umaq beeilte sich.

Draußen sammelten sich die Männer, Frauen und Kinder, um sich von ihm zu verabschieden, denn er war der tapferste Jäger von allen. Sie schauten ihm zu, wie er seinen Kajak prüfte.

»Das hat er von seinem Vater gelernt«, flüsterte einer der älteren Jäger. Umaq zog am Kajakleder, klopfte da und dort, drehte den Kajak auf die Rückseite und kontrollierte alle Nähte. »Er vertraut nur seinen Händen. Nur schlechte Jäger vertrauen ihren Augen.«

Als Umaq fertig war, brachte ihm seine Frau ein Bündel und einen kleinen Kanister voll Wasser. Umaq nahm alles in eine Hand und trug seinen Kajak zum Meer.

»Die Platte!« rief Umaq plötzlich, und seine Frau rannte und holte die schwere Platte.

Alle Leute blickten auf das umhüllte Ding, sie hatten davon gehört und wußten, daß darauf alle Weisheit ihrer Ahnen festgehalten war. Unten am Meer verabschiedete sich Umaq herzlich von den Männern, dann winkte er allen Frauen zu, die ihm ihre Wünsche entgegenjubelten.

Nur seine Frau stand regungslos da, sie konnte sich nicht mehr zu einem Lächeln zwingen und wünschte in diesem Augenblick, daß Umaq dableiben sollte.

Lange Tage und Nächte paddelte Umaq allein auf dem weiten Meer, Sturm und Hunger trotzend. Die einzige Frage, die ihn Tag und Nacht beschäftigte, war, ob der Schamane recht hatte, wenn er behauptete, daß die Tiere alle in große Fallen hineingezogen würden. Er dachte lange darüber nach, und in manchen Augenblicken überkamen ihn Zweifel. Bis zum fünften Tag, an dem er sah, wie ein riesiges Schiff einen Wal nach dem anderen in sich hineinschluckte. Jetzt war er zornig über seine Zweifel – und stolz, daß der Schamane ihm vertraute.

Als er die Nordsee erreichte, war es dunkel.

Umaq paddelte unbemerkt an Scharhörn vorbei in die Elbe. Die Luft roch etwas unangenehm, aber ihn faszinierten die vielen Lichter. Seemänner schauten von Bord der Schiffe auf den eifrig paddelnden Umaq.

Ein Wasserschutzpolizist, der gerade die Papiere eines griechischen Frachters durchlas, hörte zwei Seeleute »Eskimos, Eskimos!« rufen. Als er sich aber umdrehte, war Umaq schon hinter einem anderen Frachter verschwunden. Der Polizist schüttelte den Kopf und blickte auf den unsicheren Kapitän, der die dummen Späße seiner Untergebenen mit einem levantinischen Lächeln entschuldigte.

Umaq fuhr weiter bis zur Höhe von Altona. An einer verlassenen Stelle, an der viele Boote vor Anker lagen, ging er ans Ufer. Er nahm die Tafel, seinen letzten Brocken Trockenfisch, den fast leeren Kanister, sprang ans Ufer und zog seinen Kajak aus dem Wasser.

Es war stockdunkel, aber Umaq sah hinter dem mit Kopfstein gepflasterten Ufer mehrere Bäume und einen alten Schuppen, vor dem mehrere kleine Boote lagen.

Er befestigte dort seinen Kajak, setzte sich auf eine Bank, und nachdem er seinen letzten Proviant verzehrt hatte, holte er seine Stoßharpune aus dem Kajak und machte sich auf den Weg in die Stadt.

Umaq ging auf einen alten Passanten zu, der wie angewurzelt stehenblieb. Er fragte nach dem Schamanen des Volkes, aber der alte Mann verstand ihn nicht. Der stand nur ängstlich da.

Und als andere Passanten stehenblieben und Umaq sie nicht verstand, zog er weiter.

Die Leute beobachteten ihn.

»Was ist denn das?« fragte eine alte Frau.

»Ein besoffener Japaner.«

»Das kann nicht sein, die laufen nie alleine herum«, meinte ein junger, gutangezogener Mann und flüsterte seiner Frau zu: »Sogar nicht, wenn sie in den Puff gehen.« Seine Frau lachte.

»Das war vielleicht ein Schreck, ich dachte schon, jetzt ist es aus mit mir«, sagte der alte Mann zu seinen mitleidigen Zuhörern.

»Habt ihr das Ding in seiner Hand gesehen, den Speer oder so was?« fragte der gutangezogene Mann.

»Vielleicht ein Chinese, hm?« hetzte ein junger Mann. »Die werden die Welt noch überrennen, einfach drauflosmarschieren!«

Umaq überquerte die Straße. Es begann zu regnen, und er wunderte sich, daß ihm sehr kalt war, obwohl kein Schnee lag.

Er verkroch sich in einem leerstehenden Haus, das von Baugerüsten umgeben war. Er ging durch einen dunklen Korridor, stieg eine Treppe hoch und befand sich schließlich in einem kleinen Raum, in dem ein Mann auf dem Boden schlief und laut schnarchte.

Am nächsten Tag wachte er sehr spät auf. Der Mann, mit dem er das Zimmer geteilt hatte, war schon weg, nur seine leeren Flaschen hatte er zurückgelassen.

Umaq schaute aus dem Fenster. Grauer Himmel lag über der Stadt Hamburg, und die Leute auf dem Bürgersteig gegenüber sahen alle gleich aus, ungeheuer groß und mit komischen Kleidern. Weit und breit war kein Tier zu sehen, nur kleine Hunde rannten vor ihren Besitzern her.

»Ein merkwürdiges Volk ist das«, murmelte Umaq vor sich hin.

Alles sah er zum ersten Mal; auch das Liebespärchen,

das sich küßte, fand er komisch. Er beschloß, die Dunkelheit abzuwarten. Er verbrachte seine Zeit, indem er in den Zimmern umherwanderte und weiter die Straße beobachtete.

Als es endlich dunkel war, nahm er die Tafel und seine Harpune und lief ziellos in den Straßen umher.

Umaq fror und wunderte sich, daß viele Frauen fast nackt auf der Straße standen. Männer sprachen kurz mit ihnen und gingen dann weiter, manchmal nahm eine Frau einen von ihnen mit in ein Haus.

Umaq sah viele Männer, die durch eine Schleuse in eine Gasse hineingingen, und andere, die dort herauskamen. Die Schleuse bestand aus zwei halben Blechwänden, die so versetzt waren, daß man von außen nichts sah. Umaq zögerte ein wenig, dann aber ging er durch die Schleuse.

Die Gasse dahinter lag im Dunkeln und war von vielen Fenstern gesäumt, hinter denen nackte Frauen unter rotem Licht standen. Die Männer gingen an den Fenstern vorbei oder standen in kleinen Gruppen davor und schauten gierig auf die Frauen.

Umaq stand an einem Fenster, hinter dem zwei nackte Frauen gelangweilt auf Hockern saßen. Eine, die etwas dickere, winkte einem gutgekleideten alten Mann zu. Als dieser näher kam, stand sie auf und lehnte sich aus dem offenen Fenster, während die andere sich über Umaq lustig machte, der mit offenem Mund dastand.

Die Tafel unter seinen linken Arm geklemmt und die

Stoßharpune in der Rechten, beobachtete er neugierig die Gesten der Frau am Fenster. Er verstand kein Wort, aber er ahnte, daß der alte Mann auf das Angebot nicht eingehen wollte.

Auf der anderen Seite der Straße stand eine dichte Menschentraube an einem Fenster, hinter dem eine in schwarzes Leder gekleidete Frau stand. Die Männer gestikulierten und die Frau blickte geistesabwesend über sie hinweg, auch das Protzen mit den Geldscheinen konnte die Frau nicht dazu bewegen, das Fensterchen aufzumachen, sie gähnte nur.

Ein kleiner Mann mit hagerem Gesicht drehte sich um und sah Umaq.

»Seht euch diesen Vogel an!« brüllte er und lachte.

Ein anderer schrie: »Aha, eine neue Nummer!« Und alle johlten vor Vergnügen.

»Ja, mein Lieber, in der Lotosbar kommt erst eine Indianer-Nummer, dann eine mit einem preußischen Soldaten und dann am Ende kommt ein Araber. Mein Lieber! Da möchte ich die Frau spielen!«

»Nicht um alles Gold in der Welt würde ich mich unter diesen Kameltreiber legen.«

Drei etwas angetrunkene Freunde lösten sich aus dem Gedränge und gingen auf Umaq zu.

»Na, Kleiner? Machst du eine Verschnaufpause?« fragte der Dicke lächelnd.

Umaq schaute ängstlich auf die drei, die einen Halbkreis um ihn bildeten. Er spürte die Gefahr und trat einen Schritt zurück. Seine Harpune richtete er auf den dicken Mann. Seine Augen funkelten und flößten den dreien Angst ein, die sie mit einem Lächeln zu überspielen versuchten.

»Mach kein Theater! Es war doch nur Spaß«, beruhigte der kleinere der drei Umaq, der sich schnell drehte und seine Harpune auf ihn richtete.

»Haut ab, sonst hole ich Bobby!« drohte die dicke Frau vom Fenster aus, als sie merkte, daß das Spiel ihre Fensterscheibe und vielleicht ihren Abend in Mitleidenschaft ziehen würde.

Die drei Stammkunden verstanden das Codewort »Bobby« sehr gut. Er war einer der brutalsten Zuhälter von Hamburg. Sie zogen ab.

In dieser Nacht regnete es ununterbrochen, und Umaq konnte seinen Durst immer wieder stillen.

Viele Passanten lachten über seine ungewöhnliche Erscheinung, und einer rief:

»Ist denn schon Karneval, oder ist der Typ vom vorigen Jahr übriggeblieben?« Seine Begleiter lachten.

Umaq fühlte sich so einsam wie in keiner Eiswüste, obwohl die Straße voller Menschen war. Sie sprachen laut, aber eine grausame Stille umgab ihn. Sein Iglu war weit in die Ferne gerückt; die flackernden Lichter, die bunten Kleider der Menschen hatten nichts gemeinsam mit seinem Dorf.

Umaq spürte eine zunehmende Erschöpfung. Als er einen kleinen Park erreichte, legte er sich auf die nächste Bank und schlief bald ein.

Eine Möwe kreiste über schäumenden Wellen, und

Umaq kämpfte in seinem kleinen Kajak. Er bemühte sich, der Möwe zu helfen, deren Schnabel eingeschnürt war. Haifische umschwammen seinen Kajak und warteten geduldig auf ihre Beute. Die Möwe kreiste verzweifelt über ihm, und Umaq hörte ihre inneren Schreie.

Erschrocken fuhr er vom Schlaf auf und riß seinen Arm in die Höhe. Es dämmerte bereits.

Mit tosendem Lärm zogen Autokolonnen an der Grünanlage vorbei. Der Gestank der Abgase und sein Hunger geißelten Umaq erbarmungslos.

Verzweifelt schleppte er sich zu einer Laterne, denn er wußte, daß dieses Volk einem Fremden keine Hilfe gab, also beschloß er, Rat von der Weisheitstafel zu holen.

Vorsichtig öffnete er die Fellhülle und zog die Tafel heraus. Doch er erschrak: die Schrift war verschwunden und die Platte ganz grau. Er versuchte, sie mit der Hand abzuwischen, aber da zerfiel die Platte zu Staub.

»Nun bist du allein, die ganze Weisheit deines Volkes hat es hier nicht einmal zwei Tage ausgehalten«, flüsterte er, stand zögernd auf, nahm seine Harpune fest in die Hand, als hätte er Angst, daß sie auch zu Staub zerfiele, und ging weiter.

Er suchte nach etwas Eßbarem, aber die Straßen waren blank und die Bäume unfruchtbar.

»Verfluchtes Volk!« schrie er gegen die fahrende Autokolonne und weinte.

Es war ein sonniger Septembertag, die Leute trugen fröhliche Kleider. Viele Passanten schüttelten den Kopf, als sie ihn sahen, aber Umaq beeindruckte das wenig. Er suchte auch keinen Schamanen mehr, er wollte nur noch essen.

Als er den Tierpark Hagenbeck in Stellingen erreichte, sah er viele Leute durch ein großes Tor gehen. Er näherte sich langsam, aber ein Wächter wies ihn unsanft zurück, als er versuchte, mit einigen Leuten durchzugehen.

»Kaufen Sie sich eine Eintrittskarte!« sagte der Wächter und nahm die Karte des nächsten Besuchers.

Umaq stand abseits und beobachtete, wie die Leute einer nach dem anderen ihre Karten abgaben.

»Was will er denn mit dem Ding anstellen?« fragte eine junge Frau den Wächter beim Durchgehen.

»Was weiß ich, vielleicht einen Elefanten umlegen«, scherzte der Wächter, und die Leute lachten und schauten nach Umaq, der an der Mauer des Zoos entlangging.

»Hier sind die Tiere, der Schamane hat sich also nicht geirrt.« Er ging weiter und suchte nach einer Möglichkeit, über die hohe Mauer zu klettern, aber sie war zu glatt. Erst ziemlich weit vom Tor entfernt fand er eine gute Gelegenheit: ein VW-Bus parkte neben der Mauer.

Umaq schaute um sich, dann kletterte er auf den Bus und vom Dach über die Mauer, blitzschnell sprang er auf die weiche Erde hinter ein Gebüsch. Er verbarg sich eine Weile und beobachtete die Tiere in den Gehegen.

»Das ist es«, sagte er sich. Sein Hunger war jetzt übermächtig geworden.

Eine Frau sah ihn, hielt ihn freundlich an und knipste ein Bild. »Ist er nicht süß!« sagte sie zu ihrer Begleiterin. »Ja, ich muß sagen, die Leute lassen sich hier was einfallen.«

Umaq ging weiter, bis er die Gehege der Robben sah. Sein Herz begann zu klopfen. Wasser strömte über einen künstlichen Felsen in ein Becken, drei Robben lagen in der Sonne, zwei schwammen verspielt im klaren Wasser hin und her, und die Zuschauer bewunderten die Eleganz dieser Tiere.

Umaq kletterte über den niedrigen Zaun, dann sprang er auf den Beckenrand. Viele der Zuschauer zückten ihre Kameras und knipsten ihn.

Er hielt einen Augenblick inne, holte aus und zielte auf die Robbe, die sich auf dem Felsen sonnte und ihn verschlafen anschaute.

Ein Zuschauer rief: »Das ist eine klasse Show!«

Umaq warf die Stoßharpune mit voller Wucht auf das Tier. Die Harpune durchbohrte die Brust der Robbe, und sie zappelte in ihrem Blut.

Ein entsetzter Schrei kam von den Zuschauern, manche faßten sich an den Kopf, manche knipsten weiter. Umaq schrie vor Freude und ging sicheren Schrittes auf den Felsen zu, die anderen beiden Robben sprangen erschrocken ins Wasser.

Die Robbe zappelte ein letztes Mal, dann rührte sie sich nicht mehr. Ihr Blut strömte wie ein kleiner Bach den Felsen hinunter und mischte sich mit dem klaren Wasser des Beckens.

Umaq zog die Harpune aus ihrem Körper und kniete sich neben seine Beute. Er zog ein Messer unter seinem Mantel hervor und begann, die Robbe zu enthäuten.

»Das gibt's doch nicht!« flüsterte ein Mann mit einem grauen Bart.

Umaq riß hastig ein großes Stück Fleisch heraus, setzte sich neben das tote Tier und verzehrte genüßlich das zarte Fleisch.

Zwei herbeieilende Wächter kämpften sich durch die Menschenmenge bis zur Tür des Geheges vor, gingen hinein und winkten Umaq zu sich. Der aber aß ruhig weiter.

Der kleinere der Wächter stieg auf einer Leiter zum Felsen hoch und ging unsicher auf Umaq zu.

Umaq hielt ihm ein Stück Fleisch entgegen und sagte:

»Es gibt genug für alle. Hier, nimm!«

Er wunderte sich, daß der Wächter sich nicht freute.

NOGA MAG KEINE BEFEHLE

Lustlos gingen die Besucher an den bescheidenen Gehegen und Käfigen des kleinen Heidelberger Zoos vorbei. Die Schwüle des Sonntagnachmittags lastete schwer auf den Bäumen. Kein Blatt schien gewillt zu sein, noch das leiseste Geräusch von sich zu geben.
Die Tiere hingen träge herum, und wenn sie nicht ab und zu die Fliegen ruckartig mit einem Zucken ihrer Ohren oder ihrer Schwänze vertrieben hätten, hätte man sie für perfekt nachgebildete Wachsfiguren halten können.
Manchen Besuchern aber war diese Fliegenvertreibung zuwenig für die acht Mark, die man an der

Kasse bezahlen mußte, und so sprachen sie auf die Tiere ein, als wären sie ihre eigenen Kinder, mal liebkosend, mal barsch auffordernd. Manch einer gestikulierte herum, so daß ich an Tucholskys »Affenkäfig« denken mußte. Und ich lachte bei dem Gedanken, was wohl die Tiere von dem vorlauten Rentner mit dem bayerischen Trachtenanzug und Gamsbart dachten. Was sollte denn dieser arme Hirsch mit dem abgebrochenen Geweih auf die Frage antworten, die der Bayer in gequältem Hochdeutsch herausbrüllte: »Ja, wo hama denn unsere Hörner verloren?«
Ein paar Schritte weiter fragte eine alte Dame allen Ernstes einen verschmutzten Flamingo, warum er nicht »putzi, putzi« macht! Was wäre, dachte ich, wenn dieser Punker-Flamingo ein kurzes »Zieh Leine, Alte!« krächzen würde?
Irgendwie verlangten die Besucher Leistung, aber die Tiere leisteten bloß Gesellschaft, und so konnte ich das Gefühl nicht loswerden, daß einige sich um ihr Geld geprellt fühlten und daß sie bei jedem Schritt noch ein paar Pfennige retten wollten.
Ich fand es eigentlich köstlich, denn es war mein erster Zoobesuch. In Syrien, woher ich komme, gibt es keinen Zoo. Es war für mich auch lehrreich, denn in diesem Zoo lernte ich den Unterschied zwischen einem Kamel und einem Dromedar kennen: ein Dromedar ist ein einhöckeriges Kamel, während ein Kamel zwei Höcker hat.
Das Absurde aber ist: das Wort Kamel kommt vom

Arabischen, und in Arabien leben nur einhöckerige Tiere. Die Besoffenen in der Kneipe hatten also mehr Verstand als die Zoologen, denn sie beschimpften mich richtig: »Kameltreiber!« riefen sie, wenn sie erfuhren, woher ich kam.

Mein Nachbar in Damaskus, ein alter, vielgereister Kutscher, hatte mir oft von diesem Wundertier Kamel erzählt, das eine Woche lang ohne Wasser leben kann. Es sei so klug, sagte er, daß es sogar im Sandsturm eine Fata Morgana von einer Oase unterscheiden könne. »Wenn die Menschen Dromedare wären«, sagte mein alter Nachbar oft, »hielten sie den Schein nicht für Sein.« Der Kutscher hatte immer eine ganz eigentümliche Meinung von Menschen und Tieren. Als er einmal lange das Bett hüten mußte, weil ihn sein liebster Maulesel ganz niederträchtig getreten hatte, schimpfte er nicht etwa auf das störrische Tier, das ihn in die Hoden getroffen hatte, sondern lächelte: »Siehst du, mein Kleiner, zehn Jahre habe ich ihn und habe ihn immer noch nicht verstanden.«

Ich nahm mir vor, die deutschen Kollegen in Zukunft höflich daran zu erinnern, daß heutzutage kaum ein Araber ein Kamel führen kann, geschweige denn treiben, und daß sie sich etwas anderes einfallen lassen müssen, um uns zu beleidigen, da Kameltreiberei wie Aquarellmalerei eine Zunft der feinen Künste ist.

Für mich also waren die acht Mark wertvoller angelegt als die 2000 DM für das Goethe-Institut, in dem ich von Heine nur die »Lorelei« gelernt habe und ihn deshalb irrtümlich für einen Heino des 19. Jahrhunderts hielt. Mit diesem Gedanken trat ich in das Affenhaus.

Eine Orang-Utan-Familie war vor der Hitze in den schattigen Käfig geflüchtet und döste dort. Die Mutter lauste geduldig ihren großen Sohn, während ihr Baby sich an sie klammerte und mit großen Augen umherstarrte. Der Vater, ein gewaltiger Affe, saß ruhig in einiger Entfernung und schaute erhaben von seinem hohen Sitz auf das Publikum hinter dem Gitter.

Ein junger Südländer warf ihm ein paar Erdnüsse zu, die der große Patriarch aber keines Blickes würdigte.

In diesem Augenblick fiel mir die geniale Bemerkung meiner Freundin Roberta ein: »Je entwickelter die Tiere, um so erbärmlicher ihre Behausung im Zoo.«

Ein etwa vierzigjähriger Tierpfleger trat nun mit einem Eimer in der Hand durch die seitliche Tür in den Käfig. Er stellte den Eimer auf den Boden, schaute auf das Publikum, dann zu der Affenfamilie und brüllte, wie jemand, der nach einem Bier laut wird:

»Fifi, Lola, Bimbi, Noga, raus! Jungs, raus!« Er winkte mit der Hand auf die Öffnung in der gekachelten Wand, durch die die Tiere in die Gehege gelangen konnten.

Keiner der Affen folgte dem Aufruf des Tierpflegers,

trotz seiner strammen Haltung in den nassen Gummistiefeln. Nur die Mutter hörte auf, ihren Sohn zu lausen. Das Baby klammerte sich noch fester an ihren Hals. Der Mann fuhr mit dem Besenstiel kräftig über das Gitter, daß es knatterte.

»Raus, sage ich!« Er unterstrich seine Stimme durch das laute Geknatter.

»Affen nix Deutsch verstehn!« rief der junge Südländer, und der Wärter blickte zornig auf ihn herab.

Langsam und lautlos bewegte sich die Mutter auf die Öffnung zu, gefolgt von ihrem Jungen, sie blickte vorwurfsvoll zurück, dann legte sie die Hand auf ihr Baby und ging durch die Öffnung. Ihr Sohn entdeckte die Erdnüsse und streckte die Hand aus, um eine davon zu ergattern.

»Nicht rumgucken!« rief der Tierpfleger, und das kleine, rötliche Geschöpf erschrak und eilte schimpfend durch die Öffnung, ohne die begehrten Nüsse zu erhaschen. Dem Wärter schien nun die Brust über das Hemd zu wachsen, er schien den Sieg über die drei Ururgroßeltern zu genießen.

»Brav!« ertönte seine Stimme wie eine lobende Peitsche, als die drei verschwunden waren.

»Boxen mit Affe!« rief der junge Südländer und zeigte dem stolzen Tierpfleger pantomimisch, was er meinte.

Eine scharfsinnige Beobachtung, dachte ich, denn es sah wirklich aus wie ein Boxring, der Pfleger wie ein munterer Boxer, der ungeduldig mitten im Ring auf den Rivalen wartet, und Noga auf seinem hohen Sitz, seine gewaltigen Arme ausgestreckt und an die Seile angelehnt, wie ein erfahrener Boxer, dem dieser psychologische Krieg mit dem jungen Kollegen gar nichts ausmacht. Er genoß offensichtlich die Pause.

»Noga! Wird's bald?« rief der Tierpfleger ungeduldig.

Noga schaute ins Publikum, dann zur Decke – anscheinend einer neuen psychologischen Kriegslist folgend.

»Ja, was is'n los?« rief der beleidigte Rivale nervös.

»Du viel klein. Er können dich mit einem Haken kaputtmachen«, rief der junge Südländer und führte mit seiner rechten Faust den von ihm gewünschten K.-o.-Schlag vor.

Noga aber führte nichts aus. Er fing statt dessen an, an einer Schraube zu drehen, die einen Alurahmen an der Platte festhielt.

Als der Mann rief: »Genug gespielt, raus!«, hielt Noga die Schraube in der Hand, kostete sie und warf sie weg.

»Genug jetzt!« die Stimme des Tierpflegers überschlug sich, und er stürzte aufgebracht aus dem Käfig.

»Bravo!« rief der junge Südländer und klatschte in die Hände, und ein Lächeln huschte über die Gesichter des immer größer werdenden Publikums.

Noga beeindruckte das Klatschen nicht, er machte sich an die zweite Schraube, aber sie saß hartnäckig fest. Er gab es nach ein paar Versuchen auf und lehnte sich wieder zurück.

Nicht lange! Der Pfleger kam mit einem Wasserschlauch zurück in den Käfig. Er drehte an einem roten Ring am Ende des Schlauches, und das Wasser spritzte in einem dünnen harten Strahl heraus. Er richtete ihn auf Noga, und das Wasser prallte auf den Affen und rieselte zurück. Die Zuschauer rückten kichernd vom Gitter weg.

»Na! Ist es jetzt besser?« rief der Tierpfleger und drehte am Ring. Der Wasserstrahl brach abrupt ab.

Der durchnäßte Noga schien das Ganze nicht zur Kenntnis zu nehmen, er starrte die Decke an.

»Du Verlierer«, spottete der junge Südländer.

»Halt's Maul!« brüllte der Pfleger wütend und drehte wieder an dem Ring, aber er schien zu klemmen, und das Wasser tröpfelte nur zu Boden.

»Schlauch auf dich pinkeln!« rief der junge Südländer, und die Zuschauer lachten laut und zufrieden, als wären die acht Mark schon hinreichend zurückgezahlt.

Der Pfleger drehte wütend an dem Ring, und das Wasser schoß plötzlich in einem langen Strahl auf die Zuschauer.

Belustigt und laut lachend traten die Leute weiter vom Gitter weg, nur der junge Südländer packte das Gitter und schüttelte daran, als wolle er es wegreißen.

Endlich spritzte aus dem Schlauch wieder ein kräftiger dünner Wasserstrahl, und der durchnäßte Tierpfleger richtete ihn auf den Orang-Utan.

Noga blieb unbeweglich wie ein Stofftier sitzen, dann traf der Strahl sein Gesicht. Er sprang unwillig auf und stellte sich auf das Brett. Langsam drehte er sich um, bückte sich und streckte dem Tierpfleger auffordernd seinen Hintern entgegen.

Lautes Gelächter donnerte durch das Affenhaus. Der Wasserstrahl prasselte auf den Hintern des Affen und spritzte durch den Käfig. Verzweifelt schaute der Tierpfleger um sich, dann drehte er das Wasser ab.

»Noga! Noga, bitte!« flüsterte er und warf den Schlauch auf den Boden.

Langsam richtete sich Noga auf, schaute über den Kopf des Tierpflegers hinweg und machte einen akrobatischen Sprung zu einem Autoreifen, der mit einer Kette an der Decke hing, von dort glitt er elegant über eine Stange zu Boden. Er ging an dem Tierpfleger vorbei, als wäre der Luft, bückte sich im Vorübergehen zu einer der Erdnüsse, stopfte sie sich in den Mund, schaute noch einmal kurz zum Publikum und eilte durch die Öffnung.

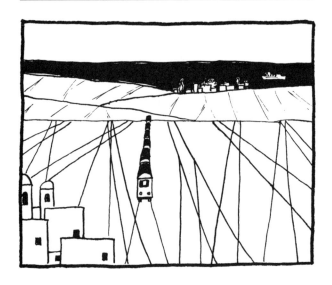

DIE SEHNSUCHT FÄHRT SCHWARZ

Der Zeiger der Bahnhofsuhr springt von einer Ziffer zur anderen, hält eine kurze Weile inne und springt wieder zur nächsten. Es ist 17 Uhr 32 auf dem Münchner Hauptbahnhof.
Zwei Gastarbeiter sitzen auf einer Bank, zwei andere lehnen am Geländer. Die vier beobachten schweigend den Zug auf Gleis 8.
Viele Gastarbeiter drängen sich dort an den Zugfenstern, um mit ihren Landsleuten auf dem Bahnsteig zu reden. Sie versichern ihnen, daß sie nichts vergessen würden, aber die Leute auf dem Bahnsteig haben

Zweifel – wie oft schon haben sie selbst ihre Versprechen vergessen.

Ununterbrochen versuchen die Bleibenden den nach Hause Fahrenden ihre Wünsche einzupauken.

»Vergiß nicht, Arif zu grüßen ...«

»Sag meinem Onkel, ich habe das Geld schon vor einer Woche überwiesen ...«

»Frag sie, warum sie nicht schreibt ...«

Die vier Freunde beobachten den Zug aus einiger Entfernung, denn sie kennen niemanden, der heute fährt.

»Achtung an Gleis 8! Der Zug von München nach Istanbul über Bukarest – Sofia fährt jetzt ab. Bitte Türen schließen! Vorsicht bei der Abfahrt!« schallt die Stimme aus den Lautsprechern, als der Uhrzeiger gerade auf 17 Uhr 34 springt.

»Die Heimat ist so weit weg!« seufzt Yunus von seinem Platz auf der Bank aus. »Wenn ich in Izmir schlafen und hier arbeiten könnte – das wäre ein Leben.«

Der Zug fährt auf glänzenden Gleisen, die unter dem Licht der Reklame wie ein Netz von blutroten Adern aussehen. Die Räder der Waggons hämmern die Adern straff und gesund. Die vier Freunde verfolgen den Zug mit brennenden Augen.

An diesem Abend entflieht Yunus unbemerkt der kleinen Runde seiner Freunde und versetzt sich schnell in den fahrenden Zug auf einen Stehplatz im Gang.

Die Leute sehen alle gleich aus. Müde, unrasiert, eingeklemmt zwischen Mänteln und Kartons reden sie kaum miteinander. Sie starren auf den Boden.
»Fahrkarten bitte!«
Yunus lacht auf der Bank: »Die Sehnsucht fährt immer schwarz, sie ist stärker als alle Grenzen und Kontrollen.«
Der Zug verschwindet im Schlund der Dunkelheit, seine Rücklichter funkeln wie die Augen eines zornigen Stiers in der Arena. Noch bevor der letzte Waggon außer Sicht ist, kommt Yunus in Izmir an.
Seine Frau Songül, seine vier Kinder und seine alte Mutter warten dort auf ihn.
Die alte Mutter mit ihren hölzernen Krücken, noch tiefer gebeugt als vor zwei Jahren – ein fruchttragender Olivenzweig. Die drei älteren Kinder springen auf vor Freude und schreien: »Vater hat viele Koffer dabei!« Die Frau weint, zwei Jahre Einsamkeit waren zu lang. Yunus küßt die Hand seiner Mutter. Sie flüstert: »Daß ich dich, mein Herz, noch einmal sehe, hätte ich nicht geglaubt, Gott ist gnädig.« Ihre warmen Tränen brennen auf seinen Lippen, als er ihre Wangen küßt. Er streichelt schnell den Kopf seiner Frau und kneift sie zärtlich und heimlich in die Wangen. Sie lächelt erwartungsvoll und wischt sich die Tränen ab mit einem kleinen, weißen Tuch.
Niyazi, sein zehnjähriger Sohn, versucht vergeblich, den schweren Koffer zu tragen.
»Er ist zu schwer für dich, mein Junge«, flüstert Yunus.

»Hast du uns alles mitgebracht?« fragt Niyazi, denn er hatte den letzten Brief mit seinen Wünschen gefüllt.

»Alles?! Es ist doch alles teurer geworden, für deine Hosen habe ich lange gearbeitet – denkst du, die Deutschen schmeißen uns das Geld nach?«

»Ich will mein Kleid sehen«, meldet sich Tochter Hülya.

»Halt den Mund, bis wir zu Hause sind, da wirst du es sehen!« fährt die Mutter sie an.

»Nein, jetzt!« sampft Hülya störrisch mit den Füßen.

Songül zieht das Mädchen kräftig am Ohr.

»Laß sie doch, sie freut sich«, sagt Yunus, als Hülya anfängt zu weinen.

Alle drei Kinder springen um Yunus herum und zerren ihn an der Jacke, nur der vierte, sein jüngster Sohn steht die ganze Zeit etwas abseits und beobachtet seine Geschwister.

»Na, Kleiner, komm her, du bist ja groß geworden, Kemal«, sagt Yunus und beugt sich zu dem dreijährigen Jungen, der sich erschrocken am Kleid seiner Mutter festhält.

»Kennst du mich nicht mehr?«

»Nein, wer bist du denn?«

»Ich bin dein Vater«, antwortet Yunus und nimmt das Kind auf den Arm, das sich aber sträubt und weint.

»Er war ja so klein, als du vor zwei Jahren nach Deutschland fuhrst«, entschuldigt Songül ihren Sohn.

Yunus küßt das Kind, doch Kemal weint bitter, weil

der Bart des fremden Mannes ihn kratzt. Er wendet sich weinend zur Mutter.
Yunus muß ihn lassen, seine Augen werden feucht:
»Nicht einmal die eigenen Kinder erkennen uns wieder«, flüstert Yunus auf der Bank im Münchner Hauptbahnhof...

AUF DEM MÜLL

Ich muß gestehen, daß ich diese Geschichte selbst nicht geglaubt hätte, wenn die Zeitungen nicht darüber berichtet hätten. Der erste Teil der Geschichte stand auf der vierten Seite. Er war zwischen zwei Meldungen versteckt; die eine berichtete über die Baumwolle in Ägypten und die andere über die Benzinpreiserhöhung in Portugal. Der zweite Teil der Geschichte dagegen machte Schlagzeilen. Beide Nachrichten waren eine Lüge, aber diese Lüge bestätigte den wahren Inhalt der Geschichte, die mir Giacomo erzählt hatte. Giacomo übertrieb gerne. Wie sollte ich sein ungewöhnliches Erlebnis glauben! Ja, der elfjährige Junge übertrieb oft, so wie wir alle aus dem Süden

nun mal gerne übertreiben. Mein Großvater übertrieb sogar auf dem Sterbebett; statt eine traurige Miene zu zeigen, zumindest den um das Bett Versammelten zuliebe, lachte er laut. Und statt zu beten, fing er an, den anwesenden Nachbarn und Verwandten eine Geschichte zu erzählen, und als die Geschichte den spannendsten Punkt erreicht hatte, hielt er inne.
»Und wie geht es weiter?« fragte der Pfarrer. Großvater antwortete nicht mehr. Er war tot.
Und niemand erinnert mich so sehr an meinen Großvater wie der junge Aufschneider Giacomo. Oft glaube ich ihm nicht, so auch an jenem Nachmittag, als er mir seine grausame Geschichte erzählte ...
Ich trank gerade meinen Tee und sehnte irgendeine Ablenkung herbei. Ich mußte einen Brief schreiben und schob diese lästige Aufgabe seit Tagen geschickt vor mir her. Es klingelte und ich öffnete die Tür. Giacomo sprang eilig die Stufen der Treppe herauf
»Grüß dich«, sagte er und schnappte nach Luft. Er ging in die Küche und blieb am Fenster stehen. Noch immer schwer atmend flüsterte er: »Dem Arschloch haben wir es gegeben.«
»Wem denn?«
»Dem Mann, der mich umbringen wollte«, antwortete Giacomo und schlug mit der Faust auf den Tisch.
» Umbringen? Ach komm, du übertreibst mal wieder.«
»Nein, ich schwöre es dir, ein Mann, so groß«, er zeigte die ungefähre Größe mit seiner Hand, »wollte mich umbringen.« Ich war unruhig. »Erzähl mal«, bat ich ihn,

und er erzählte, nachdem ich versprochen hatte, niemals seinen richtigen Namen zu verraten. Das werde ich auch nie machen, weil »Giacomo« mein Freund ist.

Wir haben letzten Samstag auf dem Hof der alten Molkerei in der Blumenstraße gespielt. Mahmud, Yüksel, Mario, Tonio und ich. Erst fuhren wir ein bißchen mit den Fahrrädern herum, dann haben wir Fußball gespielt. Ich habe nicht bemerkt, daß dieser Mann uns die ganze Zeit beobachtet hat. Er hat es mir aber später erzählt. Mahmud, der Palästinenser, hat den Ball zum Molkereieingang geschossen, und ich wollte ihn holen. Da sah ich diesen großen Mann mit einer Sonnenbrille. Er stand direkt am Eingang.
»He, du, komm mal her«, hat er mich gerufen. Ich hab gedacht, der kann mich mal, wir dürfen hier spielen, und wollte weiterkicken, aber da hat er mich gefragt, ob ich mir zehn Mark verdienen will.
»Und was soll ich dafür tun?« wollte ich wissen.
»Ich habe eine goldene Kette verloren, und du mußt sie mir holen.«
»Wo haben Sie denn die Kette verloren?« habe ich gefragt.
»In einem Müllcontainer.«
»Ist es weit?«
Der Mann hat geantwortet: »Es ist nicht weit, wir fahren mit dem Auto.«
Na ja, du weißt, ich spare für einen neuen Fußball, und da bin ich mitgefahren.

Wir fuhren aus Frankfurt heraus, und durch die Hinweisschilder hab ich gemerkt, daß wir in Richtung Darmstadt gefahren sind.
»Wir sind bald da«, hat der Mann gesagt und ist in eine Straße eingebogen, die zu einem Wald führte. Da hab ich dann Angst bekommen, weil ich schon oft so Geschichten über verrückte alte Männer gehört habe, die es mit ausländischen Jungs treiben wollen. Dieser Mann war aber komisch, er hat laufend gefragt, ob ich mit ihm zur Polizei gehen will, um einen anzuzeigen. Jemand hat ihm seine teure Funkantenne abgebrochen, und darüber war er sauer.
»Ich will aber nichts mit der Polizei zu tun haben«, hab ich ihm gesagt. Dann hat er angefangen, von Deutschland zu reden; ich hab gar nichts verstanden, denn er hat so vor sich hin gebrabbelt.
»Wollen deine Eltern zurück in die Türkei gehen?« hat er dann auf einmal gefragt.
»Nein«, hab ich geantwortet, »weil wir Italiener sind.« Da wurde er wütend.
»Türken, Italiener ... ist auch egal, ich frage dich, ob du zurückkehren willst, ob deine Eltern ...«
»Nein«, hab ich geantwortet. »Es ist mir egal, ob meine Alten zurückgehen wollen, ich bleibe hier. Ich kenne in unserem Dorf niemand mehr, meine Freunde sind Mahmud und Yüksel, sie leben hier.«
Am Waldrand hat er dann sein Auto geparkt, und wir sind auf einem kleinen Pfad in den Wald hinein gegangen.

»Es muß eine sehr teure Kette sein, wenn er solch einen Aufwand macht, um sie wiederzubekommen«, habe ich mir gedacht, aber ich hab dann heimlich mein Taschenmesser in die Hand genommen, weil es mir im Wald unheimlich war. Aber dann sah ich den orangefarbenen Müllcontainer neben dem schmalen Weg. Eine Klappe stand auf, die andere war zu. Er sah aus wie ein häßlicher, orangefarbener Pelikan. Und der Mann hat mir in der hintersten Ecke von dem Ding ein dunkles Kästchen gezeigt, so groß wie eine Zigarettenschachtel.

»Geben Sie mir erst die zehn Mark«, habe ich gesagt, um sicherzugehen, daß er mich nicht als Dieb anzeigen würde, so wie in der Schule die Lehrer immer glauben, wenn irgend etwas fehlt, daß wir Ausländer die Diebe sind. Erst wollte er nicht, aber dann hat er mir das Geld doch gegeben. Das hat mich dann beruhigt, und ich bin in den Container gestiegen. Kaum war ich drinnen, hat es laut geknallt. Alles war dunkel. Ich hab gedacht, der macht Witze, und war wütend, weil er mich so erschreckt hat, dann bat ich ihn, mit dem Spaß aufzuhören, weil ich nichts sehen konnte. Er hat gelacht. »Das ist kein Spaß, du wirst sterben, du Bastard!« hat er gerufen, und ich bekam Angst. Ich habe gehört, wie er ein Schnappschloß am Riegel befestigt hat. Ich bin gegen die Klappe gesprungen, aber der Riegel hielt. Und dieser Verrückte hat immer wieder gerufen: »Du wirst sterben!« und hat gegen den Container getreten. Ich hab geschrien

und hab gebettelt, daß er mich wieder rausläßt. Aber er hat nur von Deutschland und den dreckigen Ausländern gesprochen, die immer wieder sein Auto kaputtmachen. Ich mußte weinen. Da sagte er:
»Gib mir die zehn Mark wieder, dann lasse ich dich raus.« Ich habe ihm geglaubt und schnell den Schein durch den Klappenschlitz durchgesteckt.
»Nun kannst du hier verrecken«, hat der Mann gesagt und schrie dann vor Lachen.
Dann habe ich nur gehört, wie er weggegangen ist und wie die Autotür zuschlug und er mit aufgedrehtem Motor davongerast ist.
Durch den Schlitz zwischen den Klappen habe ich gesehen, daß es immer dunkler wurde. Ich habe um Hilfe geschrien, doch niemand hat mich gehört. Nach einer Weile hab ich es aufgegeben und nach einem starken Stock gesucht, mit dem ich vielleicht den Riegel hätte wegschieben können, aber alle Zweige, die ich gefunden habe, waren dünn und morsch. Dann hab ich auch das aufgegeben und mich in eine Ecke gesetzt. Irgendwann begann es zu regnen.
Ich habe Angst vor der Dunkelheit, jedesmal, wenn irgendwas sich bewegt hat, habe ich gedacht, es ist eine Schlange oder so ... und ich habe gezittert.
Plötzlich fiel mir ein, daß es bestimmt schon nach sechs war. Jetzt war mein Vater von der Kneipe zurückgekommen, und er fragte bestimmt: »Wo ist dein Sohn?« Und meine Mutter bekäme Angst, wie immer, und sagte: »Er kommt gleich.« ... Aber ich

saß im Container, und was würde er sagen, wenn er mich hier fände. Er würde mich wieder schlagen ... und da habe ich angefangen zu weinen, weil mein Vater mir nie glaubt ... Ist mir scheißegal, ob er es glaubt oder nicht, habe ich mir gesagt, und habe an Mahmud, Yüksel und an die verrückte Yassmin gedacht.

Ich weiß nicht, ob ich geschlafen habe oder nicht, aber plötzlich ist mir aufgefallen, daß es aufgehört hat zu tröpfeln. Ich habe an Yüksel gedacht, der am besten von uns Deutsch reden kann.
»Du bist ein Deutscher«, haben wir oft zu ihm gesagt, aber er hat immer darauf geantwortet, »Nur das ist deutsch«, und hat uns die Zunge herausgestreckt, »aber hier bin ich türkisch«, und hat sich auf die Brust geklopft.
Es ist komisch, aber mir fiel auf einmal die Geschichte von Yüksels Vater ein, und ich mußte lachen. Sein Vater wollte ihm zeigen, wie gut er nach zehn Jahren in Deutschland Deutsch reden konnte. Er ging mit Yüksel zum Metzger und wollte dort Hoden kaufen, Kalbshoden sollen sehr gut schmecken.
Zum Metzger hat er dann gesagt: »Ich will Kuheier.«
Der Metzger hat nur »Eier« verstanden und wollte ihm einen Korb mit frischen Hühnereiern verkaufen.
»Nein, nein, nix Huhn«, hat Yüksels Vater gerufen und hat sich an seine Hoden gepackt. »Eier wie diese«, hat er gerufen, und alle Leute im Geschäft haben gelacht. Der Vater wurde wütend und gab Yüksel

eine Ohrfeige, weil der auch gelacht hat. Was Yüksel wohl jetzt macht, habe ich mir im Container überlegt und habe ihn und Mahmud beneidet, die bestimmt schon zu Abend gegessen hatten. Ich war hungrig. Immer wieder schrie ich um Hilfe, aber mein Hals tat mir weh, und keiner hörte mich. Nur weit entfernt hörte ich Autos vorbeirauschen.

Ich träumte von Yassmin, wie sie immer wieder sagte: »Sprich leise, iß leise, weine leise.« Da bin ich erschrocken aufgewacht, denn diese Sätze hatte sie immer wieder gesagt, bevor sie abgeholt wurde. Sie war sehr krank im Kopf. Ich hab Yassmin sehr gern gehabt, auch jetzt muß ich noch oft an sie denken. Sie kam aus dem Libanon, war sehr schön und erzählte schöne Geschichten. »Eines Tages wird ein schöner Prinz kommen und mich fragen: ›Was willst du, Yassmin? Willst du nach Beirut zurückgehen?‹ Und ich werde antworten: ›Nein, schöner Prinz, ich will nicht wieder hungrig sein.‹ – ›Willst du hierbleiben, schöne Yassmin?‹ fragt mich dann der schöne Prinz, und ich sage ihm: ›Nein, ich friere hier, schöner Prinz.‹ – ›Was wünschst du dir, schöne Yassmin?‹ fragt er dann, und ich sage ihm: ›Schöner Prinz, ich will mit Mahmud, Mario, Giacomo und Elena, Claudia und Katja weggehen von hier und vom Libanon. Ich will in einem Land leben, wo keiner uns Ausländer nennt.‹ Der Prinz kam nicht. Eine Ambulanz ist gekommen und hat Yassmin geholt.

Spät in der Nacht habe ich an meinen Großvater gedacht. Er war sehr mutig, er hat nie Angst vor der Dunkelheit gehabt, und er hat gegen den Padrone gekämpft, deshalb haben sie ihn auch getötet. Auf dem Müllhaufen. Mein Vater ist aus Angst vor dem Padrone geflohen und arbeitet jetzt bei der Müllabfuhr, und ich saß nun da und wußte, daß ich auf dem Müll sterben muß. Warum? Mahmuds Eltern werden von Land zu Land gejagt, und in jedem Land tötet eine Bande einen Bruder, und die Bande des Padrone schickt uns auf den Müll. Ich habe plötzlich Wut bekommen gegen den Padrone, gegen meinen Vater und gegen den Müll, und ich wußte, ich will nicht im Müll sterben. Da begann ich wieder zu schreien. Es wurde langsam hell, durch den Klappenschlitz konnte ich sehen, wie die Sonne durch die Zweige schien. Ich habe nach Hilfe geschrien und gegen die Wände von meinem Gefängnis getreten. Dann habe ich Stimmen gehört und habe noch lauter geschrien. Ein junges Ehepaar, das im Wald herumgerannt ist, war überrascht stehengeblieben, als es mich hörte. Sie haben den Riegel mit einem Stein aufgebrochen und haben mich befreit. Der Mann hat mich an der Hand gepackt und herausgezogen, und die Frau glotzte mich mit großen Augen an.

»Was machst du hier, Junge? Hab keine Angst, wir wollen dir helfen! Wie heißt du denn?«

»Giacomo!« habe ich geschrien und mich von seiner Hand losgerissen und bin wie ein Verrückter davon-

gerannt. Sie schrien »Halt, halt!«, aber ich wollte nach Hause. Ich bin den ganzen Weg gelaufen und war total fertig, als ich endlich zu Hause ankam. Ich wollte leise in das Zimmer schleichen, wo meine Schwester und mein Bruder schlafen, aber meine Mutter war auf der Treppe.
»Da bist du ja, der heiligen Maria sei Dank!« hat sie gerufen und mich erschreckt, und dann hat sie angefangen zu weinen.
»Wo ist dieser Hund?« hat mein Vater gerufen und zog mich am Ohr in die Küche, und er hat mich geschlagen, und als meine Mutter »Genug!« rief und sich über mich beugte, hat er auf sie eingeschlagen.
»Das ist dein Sohn!! Ich werde ihn umbringen!« tobte er. Ich wollte meinem Vater alles erzählen, aber dann habe ich ihn gehaßt und kein Wort mehr gesagt.

Ich habe gleich am Nachmittag Yüksel und Mahmud gesucht und ihnen erzählt, was mir passiert war. Wir beschlossen, diesen Mann zu suchen. Yüksel hat gesagt, er kenne das Auto, es stehe immer vor der Lotus-Bar. Wir sind hingegangen und haben stundenlang gewartet, aber der Mann ist nicht gekommen. Yüksel war aber sicher, daß er das Auto dort oft gesehen hatte, und so haben wir weiter gewartet, bis es dunkel wurde. Und dann ist dieser Mörder gekommen. Ich habe sofort sein Auto mit der abgebrochenen Funkantenne erkannt. Als er geparkt hat und ausgestiegen ist, war ich sicher. Er war sehr elegant

gekleidet. Wir haben uns versteckt, bis der Platz leer wurde, dann haben Mahmud und ich die Reifen zerstochen, und Yüksel hat einen Zettel, den wir mit Wortschnipseln aus einer Zeitung zusammengeklebt hatten, hinter seinen Scheibenwischer gesteckt.
»Heute die Reifen und morgen Dein Bauch!« haben wir geschrieben und als Unterschrift »Schwarzes Messer« daruntergesetzt. Das war meine Idee.

Giacomo erzählte erregt und nippte an seinem Tee. Er hielt eine Weile inne, dann zuckte er die Schultern.
»Ich will keine Angst haben«, sagte er noch, »und wer mir Angst einjagt, dem jage ich eine noch größere ein.«
Eine Woche später berichtete eine Zeitung von der Lehrerfamilie, die den Sohn eines Mafiabosses aus seinem Gefängnis – einem Müllcontainer – befreit hatte. Der kurze Bericht endete mit der Frage, ob die Mafia ihren Krieg auf bundesrepublikanischen Boden ausweiten will.
Am selben Tag erschien in einer weitverbreiteten Boulevardzeitung die Überschrift:

    Eine Terrorgruppe mit dem Namen
    »Schwarzes Messer« bedroht Deutsche.

NACH DEM ENDE

Ich wollte ein kluges Nachwort schreiben, in dem ich den Leser noch beim Abschied verrate, wo und wann welche Geschichte entstanden ist. Auch wollte ich sie daran erinnern, daß diese Erzählungen besonders wichtig und notwendig für den Dialog zwischen den Kulturen sind. Doch pädagogisch-politisch-literaturhistorische Nachworte zu verfassen, überlasse ich den Germanisten und Pädagogen.
Nebenbei, und so unauffällig wie möglich, wollte ich die Leser informieren, daß einige Geschichten schon über fünf Jahre alt waren, als ein Ururenkel des berühmten Amerikaentdeckers Kolumbus im Jahre 1985 die Türken

in Deutschland entdeckte. Doch ich dachte, es ist Strafe genug für diesen Entdecker, daß die Finanzämter ihm nachgewiesen haben, daß sie es waren, die – und das schon zwanzig Jahre vor ihm – die Türken entdeckt und zur Kasse gebeten hatten. Aber ein Nachwort ist wenig geeignet für Abrechnungen mit Hochstaplern.
Ich wollte mein Buch im Nachwort unauffällig loben, weil es einen ungebrochenen Überlebenswillen hat. Damals wurde mein Manuskript von vielen Verlegern abgelehnt. Dann kam die Originalausgabe bei dtv als Taschenbuch heraus, und heute – nach so vielen Jahren – findet das Buch den umgekehrten Weg in die illustrierte Edelausgabe. Eine lange Bewährungsprobe hat es hinter sich. Seine Texte haben heute wie 1980 bei ihrer ersten Veröffentlichung noch nichts an Aktualität verloren. Damit – so hoffte ich einen Augenblick lang – könnten die Leser das Gefühl gewinnen, sie haben es mit einem Klassiker zu tun, denn Bücher und Geschichten, die heute die Lawine der Neuerscheinungen und die Flut der visuellen Reize länger als zehn Jahre überleben, sind Klassiker.
Doch dann fiel mir siedendheiß ein, daß Bücher nicht nur dann nicht altern, wenn sie eine gute Qualität haben, sondern auch, wenn der Zustand von Dauer bleibt, den sie beschreiben. Und darauf kann kein vernünftiger Mensch stolz sein, daß nicht nur in Deutschland, sondern auf unserer Erde an der Beziehung zwischen Einheimischen und Fremden nichts besser wurde. Also wieder kein Grund für ein stolzes Nachwort.

Nun, dachte ich, dann verzichte ich auf ein wie auch immer geartetes Nachwort und schenke den Leser zum Abschied lieber noch ein ganz frisches literarisches Bonbon, geschrieben im Januar 1996:

BALADI

Exil ist eine gemeingefährliche Bestie. Sie tarnt ihre Mordlust mit Sanftheit und Melancholie, und plötzlich springt sie einen Ahnungslosen an und bricht ihm das Genick. Doch wer ihre Gefahren erkennt und sie vorsichtig dressiert, dem schenkt diese Bestie ein paar wundersame Augenblicke. Auch Löwen und Tiger tun das im Zirkus.

Mein Exil schenkte mir *Die Sehnsucht fährt schwarz* und das Buch meines Dorfes *Malula*. In der Sprache meines Gastlandes fand ich eine literarische Heimat, und durch sie konnte ich Menschen in sechzehn Sprachen unterhalten. Was soll sich ein Dompteur noch mehr wünschen!

Das neue Geschenk hat mit Sprache zu tun, mit nomadisierenden Wörtern, die umherziehen und immer Spuren hinterlassen. Sicher wissen einige meiner Leser inzwischen, daß viele Wörter im Deutschen vom Arabischen stammen: Alkali, Banane, Chiffre, Droge, Elixier, Fries, Gips, Henna, Ingwer, Jacke, Kaffee, Laute, Magazin, Natron, Opal, Papagei,

Reis, Sofa, Tarif, Watte und Zucker sind einige davon. Heute sind es noch mehrere hundert deutsche Wörter arabischer Herkunft, die im Alltag gebraucht werden.

Kürzlich belohnte mich meine dressierte Bestie, mein Exil, mit einer neuen Erkenntnis. Hier in Deutschland erfuhr ich den Ursprung des arabischen Wortes *Balad*.

Es gibt nämlich für Araber nichts Urtümlicheres, Volkstümlicheres, Bodenständigeres als das arabische Wort *Balad*. Es bedeutet Stadt, Ortschaft und im übertragenen Sinn Land oder Heimat. Das Wort *Baladi*, meine Heimat, meine Stadt, ist das zweithäufigste Wort in den arabischen Liedern nach *Habibi*, das Geliebter bedeutet.

Es klingt vertraut, wenn einer von *Baladi*, seiner – unserer – Heimat, spricht. Das Wort ist so perfekt für die arabische Zunge gemeißelt, daß man als Araber bei einer langsamen Aussprache schon den Inhalt und seine emotionale Ladung schmeckt.

Das Wort aber ist weder arabisch noch aramäisch, hebräisch, persisch oder türkisch. *Balad*, unser Stolz, das Juwel der arabischen Sprache ist vom lateinischen Wort *Palatium* abgeleitet. Die Römer nannten Städte nach dem Hügel Palatin am Ostknie des Tiber, auf dem Romulus seine Stadt baute und die späteren Herrscher ihre Paläste errichteten.

Im Arabischen verschwindet in der Regel das Ende *-ium*. Ein B ersetzt immer das europäische P, und das

T verwandelt sich oft in D durch den Einfluß der weichen Aussprache.
Aus *Palat(-ium)* ist *Balad* geworden.
Die Pfalz heißt auf lateinisch *Palatium*. Und ich habe endlich eine überzeugende Antwort auf die wiederholt verwundert gestellte Frage: »Was suchst *du* denn in der *Pfalz*?!«
»Baladi«, werde ich antworten.

Kibola, im Februar 1996

INHALT

Vor dem Anfang
7

An Anfang
war der Aufenthalt
19

Ausflug mit Strafanzeige
45

Der Kummer
des Beamten Müller
57

Araber oder Grieche,
macht doch nix
63

Mehmet
75

Fußball nein, Nazis niemals!
79

Die Verteidigungsrede
Akte: Rotkäppchen
90

Andalusien liegt vor der Tür
97

Der erste Kuß
nach drei Jahren
125

Die gepanzerte Haut
133

Zwischen Traum
und Straßenbahn
150

Kaktus oder Zitrone
170

Die abenteuerliche Reise
des Jägers Umaq
oder
Als die Robbe starb
174

Noga mag keine Befehle
194

Die Sehnsucht fährt schwarz
202

Auf dem Müll
207

Nach dem Ende
218